योग सूत्र

산스크리트

요가 수트라

योग सूत्र

Yoga Sutra

파탄잘리

박지명 옮김

東文選 文藝新書 403

산스크리트

요가 수트라

초판 발행 2024년 9월 20일

지 은 이 파탄잘리
옮 긴 이 박지명

펴 낸 곳 東文選
제10-64호, 1978년 12월 16일 등록
서울 종로구 인사동길 40
전화 02-737-2795
팩스 02-733-4901
이메일 dmspub@hanmail.net

ISBN 978-89-8038-952-0 94000
ISBN 978-89-8038-000-8 (세트)

정가 28,000원

인류 최고의 수행 경전, 요가 수트라

요가 수트라(Yoga Sutra)는 인도의 모든 경전 중에서 책 한 권에 모든 것을 다 표현한 위대한 경전 가운데 하나이다. 인도의 수많은 경전 중에 가장 위대한 경전 3권을 선정하라고 한다면 우파니샤드(Upanishad)와 바가바드 기타(Bhagavad Gita), 그리고 요가 수트라(Yoga Sutra)이다. 요가 수트라는 네 개의 장(章)의 196절의 간단한 소절들 안에 인간의 모든 의식 수준과 거기에 도달하는 방법과 목표와 수행 방식을 분명하게 보여주고 있다. 이 경전만큼 세밀하고 정교한 경전은 없을 것이다. 요가 수트라는 모든 요가의 체계들을 전부 아우르는 경전이며, 이론적으로도 인도의 여섯 철학 수행 체계인 다르사한(Darsahan)인 니야야(Niyaya), 바이세시카(Vaishesika), 삼키야(Samkya), 요가(Yoga), 미맘사(Mimamsa), 베단타(Vedanta)와 밀접한 연관관계를 가지고 있다. 이 여섯 수행 실천 체계는 서로 상호 보완 작용을 하면서 우리의 시야가 진리를 전체적인 입장으로 대상을 바라볼 수 있도록 짜여져 있다. 이 책의 저자인 파탄잘리(Patanjali)는 바로 요가의 체계를 정립한 수행자이기 때문이다.

요가라고 하면 많은 다양한 요가들이 있는데, 이 모든 요가들을 아우를 수 있는 요가 수트라는 모든 요가 수행 방식에 기초가 되는 것이다. 요가 방식들은 봉사와 행위를 하는 카르마 요가(Karma Yoga), 헌신적인 행위를 하는 박티 요가(Bhakti Yoga), 참나를 직시하는 그야나 요가(Gyana Yoga), 파탄잘리가 이 경전에서 가르쳤던 최고의 가르침인 라자 요가(Raja Yoga)이며, 다른 말로는 진리를 여덟 가지의 과정을 하나로 연결시킨 아쉬탕가 요가(Ashtanga Yoga)라고도 말한다.

그리고 요가 수트라에서는 모든 의식의 상태를 설명하고 있다. 그 의식의 최고점인 사마디(Samadhi), 즉 삼매에 대해서도 자세하게 설명하고 있는 것이다. 일반적인 의식인 깨어 있고, 잠자고, 꿈꾸는 상태의 의식과 그 세 가지 의식을 넘어선 삼매의 상태이며 상(相)을 가지고 있는 유상삼매(有相三昧)인 사비타르카(Savitarka), 사비차라(Savichara), 그리고 무상삼매(無相三昧)인 니르비타르카(Nirvitarka), 니르비차라(Nirvichara) 삼매와 마지막으로 모든 상을 넘어선 다르마메가(Dharmamega) 삼매, 즉 법운삼매(法雲三昧)인 것이다.

요가 수트라는 심리·철학·윤리·종교와 인문학 전체를 아우르는 수행 경전이다. 이 경전은 그 경전 자체가 수행 방법인 것이다. 다만 그것이 경전 안에 보물처럼 감추어져 있을 뿐인 것이다.

요가 수트라는 파탄잘리 성인의 자애로운 마음 때문에 수행 방식, 이론 체계, 의식 수준들을 하나도 남김없이 그렇게 많지 않은 경전 안에 다 담아 놓았다. 그것을 가져가는 것은 자신의 몫이다.

요가 수트라는 세계적으로 알려진 모든 명상의 근원이 되는 경전이다. 요가 수트라에 언급된 방법은 불교의 위빠사나(Vipasana), 티베트의 탄트라(Tantra) 밀교 수행법, 중국의 도교(道教), 한국의 선도(仙道) 수행법, 그리고 한국·중국·일본의 선(禪) 수행 등의 근원이 되었다.

요가 수트라는 인도의 라자 요가의 법맥으로부터 전승되어 내려온 수행 방법을 세부적이고 정밀하게 표현하고 있다. 수행자들은 모든 순간, 자신의 생각과 행동을 집중하는 데 목표를 두고 있다. 그것이 삼매와 지혜와 삶의 해탈(解脫)로 이끄는 것이다. 요가 수트라 4장 33절을 보면 명상의 목표에 대한 정의에 대해 명확하게 말하고 있다. "크샤나프라티요기 파리나마아파란타니르그라흐야흐 크라마흐(**Kṣaṇapratiypgi pariṇāmāparāntanirgrāhyaḥ kramaḥ**). 집중이 이어져 변화의 멈춤이 명확하게 인식된 순간의 연속적인 상태이다." 집중과 명상과 삼매가 하나되는 삼야마(Samyama)가 모든 순간에 이어지는 것이 바로 명상의 근원이 되는 것이다.

요가 수트라의 궁극적인 목적은 자신의 참나인 푸루샤(Purusha)를 체득하고, 자연인 프라크리티(Prakriti)의 속성인 구나(Guna)로부터 벗어나 자신의 자유를 얻는 것이다. 요가 수트라 안에는 모든 수행 방법에 관한 것들이 세부적으로 다 들어 있다. 다만 그것은 올바른 스승 아래 배우는 수행 체계의 비밀 안에 감추어져 있는 것이기에, 시장에 널려 있는 듯한 흔한 물건인 것처럼 보여도 자신의 물건이 되기 위해서는 정확한 수행 실천을 지불하여야만 되는 것이다.

요가 수트라는 진리를 실현하려는 구도자들에게 실천적인 과정을 가장 체계적으로 검증해 주고 의식의 단계를 통하여 의식의 깨달음의 모든 과정을 보여주고 있다. 처음 진리의 길로 접어든 과정에서부터 해탈에 이르기까지 인간이 자신의 삶을 완성할 수 있는 모든 세부적인 단계를 보여주고 있는 것이다.

요가 수트라는 삼매에 들기 위한 정확한 수행 지침과 여덟 가지의 과정인 야마(Yama), 니야마(Niyama), 아사나(Asana), 프라나야마(Pranayama), 프라트야하르(Pratyahar), 다라나(Dharana), 드야나(Dyana), 사마디(Samadhi)의 다양한 독특한 체험들을 거쳐 자신의 목적인 참나를 실현하고 카이발야인 해탈과 자유를 얻는 과정에 대하여 상세히 말하고 있다. 그러한 모든 과정을 이해하는 데에는 첫절부터 어떠한 방향을 잡고 시작해야 하는가 하는 만만치 않은 작업들이 기다리고 있다. 이러한 요가 수트라의 실타래를 풀어내기 위해서는 체계적인 수행과 이론이 정립되어야 한다. 그렇지 않으면 언어의 상징성과 함축성과 단계별의 과정을 읽어내지 못하게 될 것이다.

이 요가 수트라는 산스크리트 원전을 실어 매일매일을 원전 낭송을 통해 고전을 이해하면 좋을 것이다. 이 요가 수트라 책에서 산스크리트 음가는 가장 낭송하기 좋은 방향으로 하였다. 요가 수트라는 반드시 명상의 수행을 통하여 인식되어야만 하며, 좋은 스승 아래에서 공부하는 것이 바람직하다. 올바른 수행 방식은 이 책을 정확한 수행 지침으로 새롭게 태어나게 할 것이다. 그런 이유는 이 책의 궁극적인 목표인 자유와 해탈의 체험인 카이발야(Kaivalya)를 어느 누구도 대신해 줄 수가 없기 때문이다. 요가 수트라는 심리적인 압박감과 복잡한 생각들에 시달리는 현대인들에게 마음이 보다 안정된 상태가 되게 하고, 삶의 방향을 단순하고 명료하게 찾게 해주는 위대한 경전이다.

옴 타트 삿트(OM TAT SAT)!

절대 진리를 위해서!

차 례

제1장

समाधि पाद

Samādhi Pāda

사마디 파다

삼매의 장

제1절

अथ योगानुशासनम् ।१।

Atha yogānuśāsanam

아타 요가누사사남 |1|

지금부터 요가의 가르침이 시작된다.

제2절

योगश्चित्तवृत्तिनिरोधः ।२।

Yogaścittavṛttinirodhaḥ

요가스치따브리띠니로다흐 |2|

요가는

마음의 상태를 통제하는 것이다.

제3절

तदा द्रष्टुः स्वरूपेऽवस्थानम् ।३।

Tadā drāṣṭuh svarūpe`vasthānam

타다 드라쉬투흐 스바루페아바스타남 | 3 |

그래서 깨달은 이는

그의 진정한 본성 안에 살고 있다.

제4절

वृत्तिसारूप्यमितरत्र ।४।

Vṛttisārūpyamitaratra

브리띠사루프야미타라트라 | 4 |

요가의 상태가 아닌 다른 상태는

상념과 동일화된다.

제5절

वृत्तयः पञ्चतय्यः क्लिष्टाक्लिष्टाः

।५।

Vṛttayaḥ pañcatayyaḥ kliṣṭā akiṣṭāḥ

브리따야흐 판차타이야흐 클리쉬타클리쉬타흐 | 5 |

상념의 움직임에는 다섯 가지 종류가 있으며,
고통스러운 것과 고통스럽지 않는 것이 있다.

제6절

प्रमाणविपर्ययविकल्पनिद्रास्मृतयः
।६।

Pramāṇaviparyayavikalpanidrāsmṛtayaḥ

프라마나비파르야야비칼파니드라스므리타야흐 |6|

그것은 올바른 지식, 잘못된 지식,

환영, 잠, 기억에 기인한다.

제7절

प्रत्यक्षानुमानागमाः प्रमाणानि

।७।

Pratyakṣānumānāgamāḥ pramāṇāni

프라트야크샤누마나가마흐 프라마나니 | 7 |

올바른 지식은

직접적이고 추론되며 확인된 것이다.

제8절

विपर्ययो मिथ्याज्ञानमतद्रूपप्रतिष्ठम्

।८।

Viparyayo mithyājñnamatadrūpapratiṣṭtham

비파르야요 미트야그야나마타드루파프라티쉬탐 |8|

실재가 아닌 지식은 없는 것이며,

자신의 본성이 아니다.

제9절

शब्दज्ञानानुपाती वस्तुशून्यो विकल्पः ।९।

Śabdajñānānupātī vastuśūnyo vikalpaḥ

사브다그야나누파티 바스투순요 비칼파흐 | 9 |

언어의 착각은

말이 실재와 일치하지 않을 때 일어난다.

제10절

अभावप्रत्ययालम्बना वृत्तिर्निद्रा

।१०।

Abhāvapratyayālambanā vṛttirnidrā

아바바프라트야얄람바나 브리띠르니드라 ｜10｜

잠은

상념이 연결되지 않는 무의 상태이다.

제11절

अनुभूतविषयासंप्रमोषः स्मृतिः

।११।

Anubhūtaviṣatāsampramoṣaḥ smṛtiḥ

아누부타비샤야삼프라모샤흐 스므리티흐 | 11 |

기억은 인식한 대상을 잊지 않고,

다시 의식하는 것이다.

제12절

अभ्यासवैराग्याभ्यां तन्निरोधः

।१२।

Abhyāsavatrāgyābhyāṁ tannirodhaḥ

아브야사바이라그야브얌 탄니로다흐 | 12 |

상념의 움직임은

무집착의 반복적인 실천을 통해 통제된다.

제13절

तत्र स्थितौ यत्नोऽभ्यासः

।१३।

Tatra sthitau yatno`bhyāsaḥ

타트라 스티타우 야트노아브야사흐 | 13 |

실천은 반복되는 노력을 통해

상념을 끊임없이 통제하는 것이다.

제14절

स तु दीर्घकालनैरन्तर्यसत्कारासेवितो दृढभूमिः ।१४।

Sa tu dīrgakāianairantaryasatkāsevito
dṛḍhabhūmiḥ

사 투 디르가칼라나이란타르야사트카라세비타토

드리다부미흐 | 14 |

실천은 헌신의 마음으로 끊이지 않고,

오랜 기간 했을 때 확고해진다.

제15절

दृष्टानुश्रविकविषयावितृष्णस्य वशीकारसंज्ञावैराग्यम् ।१५।

Dṛṣṭānuśravikaviṣayavitṛṣṇasya
vaśīkārasañjñāvairāgyam

드리쉬타누스라비카비샤야비트리쉬나스야
바시카라삼그야바이라그얌 | 15 |

무집착이나 최상의 의식은, 즉
보고 듣는 데서 생기는 욕구로부터의 자유를 의미한다.

제16절

तत्परं पुरुषख्यातेर्गुणवैतृष्ण्यम्

।१६।

Tatparaṁ puruṣakhyātergunavaitṛṣṇyam

타트파람 푸루샤크야테르구나바이트리쉰얌 | 16 |

가장 높은 무집착은 궁극적인 본질을 자각하고,
외적인 현상인 구나에 집착하지 않을 때 가능하다.

제17절

वितर्कविचारनन्दास्मितारूपानुगमात् संप्रज्ञातः ।१७।

Vitarkvicārānandāsmitārūpānugamāt
samprajñātaḥ

비타르카비차라난다스미타루파누가마트

삼프라그야타흐 |17|

유상삼매에는 네 가지가 있는데,

관찰 · 분별 · 희열 · 개별적인 에고가 그것이다.

제18절

विरामप्रत्ययाभ्यासपूर्वः संस्कारशेषोऽन्यः ।१८।

Virāmapratyayābhyāsapūrvah
saṁskāraśeṣo`nyaḥ

비라마프라트야야브야사푸르바흐
삼스카라세쇼안야흐 | 18 |

마음의 움직임을 그치게 하는 수행을
계속적으로 함으로써 이전의 인상과는 다른 상태로
마음은 분별이 일어나지 않지만 인상은 남아 있다.
이것이 분별하지 않는 무상삼매를 말하는 것이다.

제19절

भवप्रत्ययो विदेहप्रकृतिलयानाम्

।१९।

Bhavapratyayo videhaprakṛtilayānām

바바프라트야요 비데하프라크리틸라야남 | 19 |

그들이 몸을 떠나 성스러운 상태에 도달하여도

요소, 즉 구나의 본질에 스며들어 다시 태어난다.

제20절

श्रद्धवीर्यस्मृतिसमाधिप्रज्ञापूर्वक इतरेषाम् ।२०।

Śraddhāvīryasmṛtisamādhiprajñāpūrvaka
itareṣām

스라따비르야스므리티사마디프라그야푸르바카

이타레샴 | 20 |

다른 이들에게 무상삼매는 믿음, 에너지, 기억, 삼매, 영적인 지혜의 자각을 통해 획득된다.

제21절

तीव्रसंवेगानामासन्नः ।२१।

Tīvrasaṁvegānāmāsannaḥ

티브라삼베가나마산나흐 | 21 |

날카롭고 강렬한 수행자들에게

이 삼매는 빠르게 온다.

제22절

मृदुमध्याधिमात्रत्वात् ततोऽपि विशेषः ।२२।

Mṛdumadhyādhimātratvāttao`pi viśeṣaḥ

므리두마드야디마트라트바트 타토아피

비세샤흐 | 22 |

수행 상태에 따라 차이가 나며,

약한 것과 중간과 집중된 상태가 있다.

제23절

ईश्वरप्रणिधानाद्वा ।२३।

Īśvaraprṇidhānādvā

이스바라프라니다나드바 ｜23｜

집중은 절대자에 대한
진지한 헌신을 통해서도 가능하다.

제24절

क्लेशकर्मविपाकशयैरपरामृष्टः
पुरुषविशेष ईश्वरः ।२४।

Kleśakarmavipākāśayairaparāmṛṣṭaḥ
puruṣaviśeṣa īśvaraḥ

클레사카르마비파카사야이라파라므리쉬타흐
푸루샤비세샤 이스바라흐 |24|

이스바라 즉 인격신은 참나이며,
고통이나 행위, 행위의 결실들인 욕망의 잠재력에
영향을 받지 않는 존재이다.

제25절

तत्र निरतिशयं सर्वज्ञबीजम्

।२५।

Tatra niratiśayaṁ sarvajñavījam

타트라 니라티사얌 사르바그야비잠 | 25 |

인격신인 이스바라는

모든 것을 아는 지혜의 씨앗의 완전한 발현이다.

제26절

स एष पूर्वेषामापि गुरुः
कालेनानवच्छेदात् ।२६।

Sa eṣa pūrveṣāmapi guruḥ
kālenānavacchedāt

사 에샤흐 푸르베샤마피 구루흐

칼레나나바쩨다트 | 26 |

시간의 제한을 받지 않는 인격신인 이스바라는

최초의 스승들의 스승이다.

제27절

तस्य वाचकः प्रणवः ।२७।

Tasya vācakaḥ praṇavaḥ

타스야 바차카흐 프라나바흐 | 27 |

성스러운 소리인 옴(OM)은

이스바라를 표현하는 말이다.

제28절

तज्जपस्तदर्थभावनम् ।२८।

Tajjapastadarthabhāvanam

타짜파스타다르타바바남 | 28 |

옴은

명상중에 계속 반복해야 한다.

제29절

ततः
प्रत्यक्चेतनाधिगमोऽप्यन्तरायाभावश्च
।२९।

Tatāḥ
pratyakcetanādhigamo`pyantarāyābhāvaśca

타타흐

프라트야크체타나디가모아프얀타라야바바스차 | 29 |

이러한 수행으로 모든 장애가 사라지며,

그 결과 내적인 참나에 대한 지혜가 일어난다.

제30절

व्याधिस्त्यानसंशयप्रमादालस्याविरति भ्रान्तिदर्शना अलब्धभूमिकत्वानवस्थि तत्वानि चित्तविक्षेपास्तेऽन्तरायाः ।३० ।

Vyādhistyānasaṁśayapramādālasyāviratibhrān
tidarśanālabdhabhūmikatvānavasthitatvāni
cittavikṣepāste`ntarāyāḥ

브야디스트야나삼사야프라마달라스야비라티브란
티다르사날라브다부미카트바바스티타트바니
치따비크셰파스테안타라야흐 ｜30｜

질병, 나태함, 의심, 감각의 탐닉, 부주의, 게으름,
잘못된 인식, 잘못된 방향, 불안정한 상태, 분산된 마음,
이런 것들이 장애요인들이다.

제31절

दुः खदौर्मनस्याङ्गमेजयत्वश्वासप्रश्वासा विक्षेपसहभुवः ।३१।

Duḥkhadaurmanasyāṅgamejayatvaśvāsapraśvāsā
vikṣepasahabhbhuvaḥ

두흐카다우르마나스양가메자야트바스바사프라스바사

비크셰파사하부바흐 ｜31｜

정신적인 혼란의 결과

슬픔, 의기소침, 육체의 떨림, 불규칙한 호흡을 하게 된다.

제32절

तत्प्रतिषेधार्थमेकतत्त्वाभ्यासः

।३२।

Tatpratiṣedhārthamekatattvābhyāsaḥ

타트프라티셰다르타메카타뜨바브야사흐 | 32 |

정신적인 혼란은

하나의 진리에 대한 집중을 함으로써 극복된다.

제33절

मैत्रीकरुणामुदितोपेक्षाणां
सुखदुःखपुण्यापुण्यविषयाणां
भावनातश्चित्तप्रसादनम् ।३३।

Maitrīkaruṇāmuditopekṣāṇāṁ
sukhaduḥkhapuṇyāpuṇyaviṣayāṅāṁ
bhāvanātaścittaprasādanam

마이트리카루나무디토우페크샤남
수카두흐카푼야푼야비샤야남
바바나타스치따프라사다남 ｜33｜

기쁨에 대해서는 친밀함, 슬픔에 대해서는 동정심, 미덕에 대해서는 행복, 부정적인 사악함에 대해서는 다르게 보지 않는 평온한 감정을 훈련한다.

이러한 감정을 익히게 되면

그 결과로서 마음이 정화되고 깨끗해진다.

제34절

प्रच्छर्दनविधारणाभ्यं वा प्रणस्य

।३४।

Pracchardanavidhāraṅābhyāṁ vā prāṅasya

프라짜르다나비다라나브얌 바 프라나스야 | 34 |

마음의 평온은

호흡의 내보내는 것과 멈추는 것에 의해 얻어진다.

제35절

विषयवती वा प्रवृत्तिरुत्पन्ना मनसः स्थितिनिबन्धनी ।३५।

Visayavatī vā pravṛttirutpannā manasaḥ
sthitinibandhinī

비샤야바티 바 프라브리띠루트판나 마나사흐

스티티니반다니 | 35 |

감각의 대상에 의식을 집중시킴은 마음을 안정시키고,
나아가 궁극적인 목적을 달성하는 데 이용될 수가 있다.

제36절

विशोका वा ज्योतिष्मती ।३६।

Viśokā vā jyotiṣmati

비소카 바 죠티쉬마티 | 36 |

고통 너머에 있는 내면의 빛에 고정시켜 집중하면

마음이 안정된다.

제37절

वीतरागविषयं वा चित्तम् ।३७।

Vitarāga viṣayam vā cittam

비타라가 비샤얌 바 치땀 | 37 |

욕망 너머에 있는

위대한 영혼 및 성인들을 대상으로 명상함으로써

수행자의 마음은 흔들리지 않는다.

제38절

स्वप्ननिद्राज्ञानालम्बनं वा ।३८।

Svapnanidrājñānālambanaṁ vā

스바프나니드라그야나람바남 바 | 38 |

꿈속의 경험이나 깊은 잠의 상태를 대상으로

마음을 고정시켜 집중하면 마음의 안정이 얻어진다.

제39절

यथाभिमतध्यानाद्वा ।३९।

Yathābhimatadhyānādvā

야타비마타드야나드바 | 39 |

성스러운 형상이나 상징에 마음을 고정시킴으로써

마음의 안정이 온다.

제40절

परमाणुपरममहत्त्वान्तोऽस्य वशीकारः ।४०।

Paramāṇuparamamahattvavānto'sya vaśīkāraḥ

파라마누파라마마하뜨반타토아스야

바시카라흐 | 40 |

수행자는 소립자에서 무한 자에 이르는 모든 대상에 집중할 수가 있다.

제41절

क्षीणवृत्तेरभिजातस्येव
मणेर्ग्रहीतृग्रहणग्राह्येषु
तत्स्थतदञ्जनता समापत्तिः ।४१।

Kṣīṇavṛtterabhijātasyeva
maṇergrahītṛgrahaṇagrāhyeṣu
tatsthatadañjanatā samāpattiḥ

크쉬나브리떼라비자타스예바
마네르그라히트리그라하나그라흐예슈
타트스타타단자나타 사마파띠흐 | 41 |

요기는
아는 자와 아는 과정, 아는 대상을 실현한 사람이며,
생각의 흐름이 사라진 깨달은 자이다.

마찬가지로 투명한 수정처럼

그의 순수성은 오염되지 않는다.

이것이 삼매의 상태이다.

제42절

तत्र शब्दार्थज्ञानविकल्पैः संकीर्णा सवितर्का समापत्तिः ।४२।

Tatra śabdārthajñānavikalpaiḥ
saṅkīrṇā savitarkā samāpattiḥ

타트라 사브다르타그야나비칼파이흐
삼키르나 사비타르카 사마파띠흐 | 42 |

분별 있는 삼매인 사비타르카 삼매는
대상의 이름, 속성, 지식을 의식한 채
새로운 지혜를 얻게 된다.

제43절

स्मृतिपरिशुद्धौ स्वरूपशून्येवार्थमात्रनिर्भासा निर्वितर्का ।४३।

Smṛtipariśuddhau
svarūpaśūnyevārthamātranirbhāsā
nirvitarkā

스므리티파리수따우
스바루파순예바르타마트라니르바사
니르비타르카 | 43 |

기억이 정화되어
대상의 이름, 속성, 지식을 분별하지 않은 채
대상에 대한 지식만이 빛난다.

니르비타르카 삼매는

생각을 포함하지 않는 무분별지 삼매이다.

제44절

एतयैव सविचारा निर्विचारा च सूक्ष्मविषया व्याख्याता ।४४।

Etayaiva savicārā nirvicārā ca
sūkṣmaviṣayā vyākhyātā

에타야이바 사비차라 니르비차라 차
수크스마비샤야 브야크야타 | 44 |

집중의 대상이 미묘한 것일 때도
두 종류의 삼매가 있다.
즉 사비차라 삼매는 이름 · 속성 · 지식을 의식하면서
대상과 동일시하는 것이며,
니르비차라 삼매는
대상에 대한 의식이 없이 동일시되는 것이다.

제45절

सूक्ष्मविषयत्वं चालिङ्गपर्यवसानम्

।४५।

Sūksmaviṣayatvaṁ cāliṅgaparyavasānam

수크스마비샤야트밤 차링가파르야바사남 | 45 |

섬세한 대상의 집중은

미발현의 순수한 상태에서 끝이 난다.

제46절

ता एव सबीजः समाधिः ।४६।

Tā eva savījaḥ samādhiḥ

타 에바 사비자흐 사마디흐 | 46 |

이 모든 삼매는 집중되어 있더라도

집착의 씨앗이 남아 있다.

제47절

निर्विचारवैशारद्येऽध्यात्मप्रसादः
।४७।

Nirvicāravaiśāradye`dhyātmaprasādaḥ

니르비차라바이사라드예아드야트마프라사다흐 | 47 |

니르비차라 삼매에 도달하면,

방해받지 않는 마음의 흐름으로

내면이 찬란한 빛으로 밝혀진다.

제48절

ऋतंभरा तत्र प्रज्ञा ।४८।

Rtambharā tatra prajñā

리탐바라 타트라 프라그야 | 48 |

니르비차라 삼매에서

지혜는 진리로 가득 차 있다.

제49절

श्रुतानुमानप्रज्ञाभ्यामन्यविषया विशेषार्थत्वात् ।४९।

Śrutānumānaprajñābhyāmanyaviṣsyā
viśeṣārthatvāt

스루타누마나프라그야브야만야비샤야

비세샤르타트바트 | 49 |

추론하고 경전의 지식을 듣는 것은 지혜이지만,

통찰의 지혜로부터 나온 것과는 다르다.

초월된 것은 대상과 구별된다.

제50절

तज्जः संस्कारोऽन्यसंस्कारप्रतिबन्धी ।५०।

Tajjāḥ saṁskāro`nyasaṁskārapratibandhi

타짜흐 삼스카라로안야삼스카라프라티반디 | 50 |

이전의 인상은

삼매로 인해 그 인상이 사라진다.

제51절

तस्यापि निरोधे सर्वनिरोधान्निर्बीजः समाधिः ।५१।

Tasyāpi nirodhe sarvanirodhānnirvījaḥ
samādhiḥ

타스야피 니로데 사르바니로단니르비자흐

사마디흐 | 51 |

삼매의 흔적도 사라지고,

더이상 상념도 마음속에 생기지 않을 때에야

비로소 씨 없는 니르비자 삼매에 도달하게 된다.

제2장

साधना पाद

Sādhanā Pāda

사다나 파다

수행의 장

제1절

तपः स्वाध्यायेश्वरप्रणिधानानि क्रियायोगः ।१।

Tapaḥ svādyāyeshvarapraṇidhānāni
kriyāyogaḥ

타파흐스바드야예스바라프라니다나니

크리야요가흐 |1|

고행을 하고, 자신을 성찰하며, 경전을 공부하고,
신에게 헌신하는 것이 행동의 요가이다.

제2절

समाधिभावनार्थः
क्लेशतनूकरणार्थश्च ।२।

Samādhibhāvanārthaḥ
kleśatanūkaraṇārthaśca

사마디바바나르타흐
클레사타누카라나르타스차 | 2 |

크리야 요가의 수행 실천은
고통을 줄이고, 삼매로 이끄는 것이다.

제3절

अविद्यास्मितारागद्वेषाभिनिवेशाः क्लेशाः ।३।

Avidyāsmitārāgadveṣābhiniveśāḥ pañca kleśāḥ

아비드야스미타라가드베샤비니베사흐

클레사흐 |3|

고통의 원인은 다섯 가지가 있는데

영적인 무지, 나라고 하는 에고 의식,

집착하는 마음, 증오심, 애착 등이다.

제4절

अविद्या क्षेत्रमुत्तरेषां प्रसुप्ततनुविच्छिन्नोदाराणाम् ।४।

Avidyā kṣetramuttareṣāṁ
prasuptatanuvicchinnodārāṇām

아비드야 크셰트라무따레샴
프라수프타타누비찐노다라남 | 4 |

무지는 모든 고통의 원인이다.
그것들이 잠자고 있든지, 힘이 약화되어 있든지,
멈추어져 있든지, 완전히 활성화되어 있든지
무지라는 밭에 존재한다.

제5절

अनित्याशुचिदुःखानात्मसु नित्यशुचिसुखात्मख्यातिरविद्या ।५।

Anityāśuciduḥkhātmasu
nityaśucisukhātmakhyātiravidyā

아니트야아수치두흐카나트마수
니트야수치수카아트마크야티라비드야 | 5 |

영원한 것을 영원하지 않는 것으로,
순수한 것을 비순수한 것으로,
즐거움을 고통으로,
참나를 참나가 아닌 것으로 아는 것은 무지,
즉 영적인 지식이 막힌 것이다.

제6절

दृग्दर्शनशक्त्योरेकात्मतेवास्मिता

।६।

Dṛgdarśanaśaktyorekātmatevāsmitā

드리그다르사나사크트요레카트마테바스미타 ｜6｜

에고 의식이란, 바라보는 대상을 바라보는 자가

동일시하는 것에 의해서 일어난다.

제7절

सुखानुशयी रागः ।७।

Sukhānuśayī rāgaḥ

수카누사요 라가흐 ｜7｜

집착은

즐거움이라는 경험과 동일화함으로써 일어난다.

제8절

दुः खानुशायी द्वेषः ।८।

Duḥkhānuśayī dveṣaḥ

두흐카누사이 드베샤흐 | 8 |

증오는

괴로운 고통과 동일하게 생각함으로써 일어난다.

제9절

स्वरसवाही विदुषोऽपि
तथारूढोऽभिनिवेशः ।९।

Svarasāhī viduṣo`pi
tathārūḍho`bhiniveśaḥ

스바라사바히 비두쇼아피
타타루도아비니베사흐 | 9 |

삶의 집착은 수많은 잠재된 경험에 의해 생기며,
그것은 무지한 사람뿐만 아니라 현명한 이에게도 있다.

제10절

ते प्रतिप्रसवहेयाः सूक्ष्माः ।१०।

Te pratiprasavaheyāḥ sūkṣmāḥ

테 프라티프라사바헤야흐 수크스마흐 | 10 |

이러한 외부적이거나 잠재된 삶의 집착들은

생각을 넘어섬으로써 사라진다.

제11절

ध्यानहेयास्तद्वृत्तयः ।११।

Dhyānaheāstadṛvttayaḥ

드야나헤야스타드브리따야흐 | 11 |

생각의 움직임은

명상을 통해 고요함으로 들어간다.

제12절

क्लेशमूलः कर्माशयो दृष्टादृष्टजन्मवेदनीयः
।१२।

Kleśamūlaḥ
karmāśayo dṛṭādṛṣṭajanmavedanīyaḥ

클레사물라흐

카르마사요 드리쉬타드리쉬타잔마베다니야흐 | 12 |

과거 삶의 행동의 축적된 인상은

경험된 집착에 뿌리를 두고,

현재와 미래의 생을 경험한다.

제13절

सति मूले तद्विपाको जात्यायुर्भोगाः ।१३।

Sati mule tadvipāko jātyāyurbhogāḥ

사티 물레 타드비파코 자트야유르보가흐 | 13 |

행위의 뿌리가 있는 한
태어남과 수명과 경험을 하게 된다.

제14절

ते ह्लादपरितापफलाः पुण्यापुण्यहेतुत्वात् ।१४।

Te hlādaparitāpahalāḥ
puṇyāpuṇyahetutvāt

테 흘라다파리타파팔라흐
푼야아푼야헤투트바트 | 14 |

이들 행위의 결과는
그 행위가 선행인가 악행인가에 따라서
기쁨과 고통을 준다.

제15절

परिणामतापसंस्कारदुः खैर्गुणवृत्तिविरोधाच्च दुः खमेव सर्वंविवेकिनः ।१५।

Pariṇāmatāpasaṁskāraduḥkhairguṇavṛttivirodhācca duḥkhameva sarvaṁ vivekinaḥ

파리나마타파삼스카라두흐카이르구나브리띠비로다짜

두흐카메바 사르바비베키나흐 | 15 |

근심하고 잠재적인 인상이 남아

고통과 불행을 겪는 것은 세 가지 구나의 작용이며,

그것과 반대되는 것은 모든 고통을 자각하는 것이다.

제16절

हेयदुःखमनागतम् ।१६।

Heyaṁ duḥkhamanāgatam

헤얌 두흐카마나가탐 | 16 |

고통은 오지 않으며,

방지가 된다.

제17절

द्रष्टृदृश्ययोः संयोगो हेयहेतुः

।१७।

Draṣṭṛdṛśyayoḥ saṁyogo heyahetuḥ

드라쉬트리드리스야요흐 삼요고 헤야헤투흐 | 17 |

보는 자인 참나와 보여지는 대상인 프라크리티의 연결이
고통을 피할 수 있는 원인이다.

제18절

प्रकशाक्रियास्थितिशीलं
भूतेन्द्रियात्मकं
भोगापवर्गार्थं दृश्यम् ।१८।

Prakāśakriyāsthitiśīlaṁ bhūtendriyātmakaṁ
bhogāpavargārthaṁ dṛśyam

프라카사크리야스티티실람 부텐드리야트마캄

보가파바르가르탐 드리스얌 | 18 |

자연은 밝고 활동적이고 어두운

세 가지 요소로 되어 있으며,

그것은 물질적인 원소와

감각기관으로부터 이루어져 있으며

경험과 해탈을 목적으로 한다.

제19절

विशेषाविशेषलिङ्गमात्रालिङ्गानि गुणपर्वाणि ।१९।

Viśeṣāviśeṣaliṅgamātrāliṅgāni
guṇaparvāṇi

비세샤비세샤링가마트라링가니

구나파르바니 | 19 |

구나는 단계가 있는데,

그 단계에는 구체적인 것과 구체적이지 않은 것,

현상 세계와 비현상 세계 등이 있다.

제20절

द्रष्टा दृशिमात्रः
शुद्धोऽपि प्रत्ययानुपश्यः ।२०।

Draṣṭā dṛśimātraḥ
śuddho`pi pratyayānupaśyaḥ

드라쉬타 드리시마트라흐

수또아피 프라트야야누파스야흐 | 20 |

보는 자인 참나는 순수하며,

그는 무엇에 의지하지 않고 인식되어진다.

제21절

तदर्थ एव दृश्यस्यात्मा ।२१।

Tadartha eva dṛśyasyasyātmā

타다르타 에바 드리스야스야트마 | 21 |

알려진 대상은

아는 자인 참나의 목적을 위해서만 드러난다.

제22절

कृतार्थं प्रति नष्टमप्यनष्टं तदन्यसाधारणत्वात् ।२२।

Kṛtārthaṁ prati naṣṭamapyanaṣṭaṁ
tadanyasādhāraṇatvāt

크리타르탐 프라티 나쉬타마프야나쉬탐
타단야사다라나트바트 | 22 |

이미 깨달음을 성취한 사람에게
현상 세계는 소멸되지만,
그것은 여전히 다른 사람들에게는
소멸되지 않고 존재한다.

제23절

स्वस्वामिशक्त्योः स्वरूपोपलब्धिहेतुः संयोगः ।२३ ।

Svasvāmiśaktyoḥ
svarūpopalabdhihetuḥ saṁyogaḥ

스바스바미사크트요흐

스바루포팔라브디헤투흐 삼요가흐 | 23 |

보는 자와 보는 것이 하나되는 연결은
자신의 본성을 자각하기 때문이다.

제24절

तस्य हेतुरविद्या ।२४।

Tasya heturavidyā

타스야 헤투라비드야 | 24 |

동일화되는 것은 무지의 원인이 된다.

제25절

तदभावात्संयोगाभावो हानं तद्दृशेः कैवल्यम् ।२५।

Tadabhāvātsaṁyogābhāvo
hānaṁ taddṛśeḥ kaivalyam

타다바바트삼요가바보
하남 타드리세흐 카이발얌 | 25 |

이 무지함이 없으므로
그것과 하나로 되는 것이 사라진다.
이것을 보는 자의 자유라고 부른다.

제26절

विवेकख्यातिरविप्लवा हानोपायः ।२६ ।

Vivekakhyātiraviplavā hānopāyaḥ

비베카크야티라비플라바 하노파야흐 | 26 |

끊어지지 않는 분별의 지혜는

무지를 제거하는 수단이다.

제27절

तस्य सप्तधा प्रन्तभूमिः प्रज्ञा

।२७।

Tasya saptadhā prāntahūmiḥ prajñā

타스야 사프타드야 프란타부미흐 프라그야 | 27 |

마지막 단계에서

수행자의 지혜는 일곱 가지가 있다.

제28절

योगाङ्गानुष्ठानादशुद्धिक्षये
ज्ञानदीप्तिराविवेकख्यातेः ।२८।

Yogāṅgānuṣṭhānādaśuddhikṣaye
jñānadīptirāvivekakhyāteḥ

요강가누쉬타나다수띠크샤예

그야나디프티라비베카야테흐 | 28 |

요가의 과정을 수행함으로써 비순수성은 소멸되고,
지혜의 빛이 빛나고 분별하는 지식을 자각하게 된다.

제29절

यमनियमासनप्राणायामप्रत्याहारधारणाध्यानसमाधयोऽष्टावङ्गानि ।२९।

Yamaniyamāsanaprāṇāyāmaprat
yāhāradhāraṇādhyāna
samādhayo`ṣṭāvaṅgāniḥ

야마니야마사나프라나야마프라트야하라다라나드야나
사마다요아쉬타방가니 | 29 |

하지 말아야 될 것, 지켜야 할 것,
자세 행법, 호흡법, 감각 통제, 집중, 명상과 삼매는
요가의 여덟 가지 영역들을 구성한다.

제30절

अहिंसासत्यास्तेयब्रह्मचर्यापरिग्रहा यमाः ।३०।

Ahiṁsāsatyāsteyabrahmacaryāparigrahā
yamāḥ

아힘사사트야스테야브라흐마차르야파리그라하
야마흐 | 30 |

비폭력, 진실함, 훔치지 않음, 청정함, 무소유는 야마,
즉 다섯 가지 자아 통제이며, 금지 계율이며,
보편적인 도덕률이다.

제31절

जातिदेशकालसमयानवच्छिन्नाः
सार्वभौमा महाव्रतम् ।३१।

Jātideśakālasamayānavacchinnāḥ
sārvabhaumā mahāvratam

자티데사칼라사마야나바찐나흐

사르바바우마 마하브라탐 | 31 |

출생 계급, 장소, 시간과 환경에 의해

한계 없이 보편적일 때

그것들, 즉 야마는 위대한 규약이 된다.

제32절

शौचसंतोषतपः स्वध्यायेश्वरप्रणिधानानि नियमाः ।३२।

Śaucasantoṣatapaḥsvādhyāyeśvarapraṇidhānāni niyamāḥ

사우차삼토샤타파흐스바드야예스바라프라니다나니

니야마흐 | 32 |

니야마인 권고하는 규칙은

청결함, 만족, 정화하는 행위, 영적인 공부이며

자신에 대한 공부, 신에 대한 헌신, 권고된 규칙이다.

제33절

वितर्कबाधने प्रतिपक्षभावनम्

।३३।

Vitarkabādhane pratipakṣabhāvanam

비타르카바다네 프라티파크샤바바남 | 33 |

부정적인 생각이 일어나면

반대의 생각으로 익숙해져야 한다.

제34절

वितर्क हिंसादयः
कृतकारितानुमोदितालोभ्क्रोधमोहपूर्वका
मृदुमध्याधिमात्रा दुः खाज्ञानानन्तफला
इति प्रतिपक्षभावनम् ।३४।

Vitarka hiṁsādayaḥ
kṛtakāritānumoditālobhakrodhamohapūrvakā
mṛdumadhyādhimātrā duḥkhājñānānantaphalā
iti pratipakṣabhāvanam

비타르카 힘사다야흐
크리타카리타누모디탈로바크로다모하푸르바카
므리두마드야디마트라 두흐카그야나난타팔라
이티 프라티파크샤바바남 | 34 |

폭력과 그외 다른 것들처럼 부정적인 생각을 하는 것은
그것이 자기 자신이 행한 것이든,
다른 사람들을 통해서 행해진 것이든,
인정이 된 것이든 간에
욕심과 분노와 무지에 의해 유발된다.
그것들은 약한 것일 수도 있고, 중간 것일 수도 있고,
강한 것일 수도 있다.
야마와 니야마의 반대된 이러한 생각들은
끝없는 고통과 무지를 유발시킨다.

제35절

अहिंसाप्रतिष्ठायां तत्सन्निधौ वैरत्यागः ।३५।

Ahiṁsāpratiṣṭhāyāṁ
tatsannidhau vairatyāgaḥ

아힘사프라티쉬타얌
타트산니다우 바이라트야가흐 | 35 |

비폭력에 확고하게 확립될 때,
사람들은 부정적인 적개심이 사라지게 된다.

제36절

सत्यप्रतिष्ठायां क्रियाफलाश्रयत्वम् ।३६।

Satyaprratiṣṭhāyāṁ
kriyāphalāśrayatvam

사트야프라티쉬타얌

크리야팔라아스라야트밤 | 36 |

진실함에 확고하게 확립되어 있을 때,

행위들은 그 진실함의 기초 아래에 결과를 얻는다.

제37절

अस्तेयप्रतिष्ठयां सर्वरत्नोपस्थानम्

।३७।

Aateyapratiṣṭhāyāṁ sarvaratnopasthānam

아스테야프라티쉬타얌 사르바라트노파스타남 | 37 |

도둑질하지 않는 것이 확고하게 확립되어 있을 때,

모든 보석들이 나타난다.

제38절

ब्रह्मचर्यप्रतिष्ठायां वीर्यलाभः

।३८।

Brahmacaryapratiṣṭhāyāṁ vīryalābhaḥ

브라흐마차르야프라티쉬타얌 비르얄라바흐 | 38 |

금욕이 확립되면 에너지가 획득된다.

제39절

अपरिग्रहस्थैर्ये जन्मकथंतासंबोधः

।३९।

Aparigrahastatrye janmakathantāsambodhaḥ

아파리그라하스타이르예 잔마카탐타삼보다흐 | 39 |

무소유가 확립되면 탄생의 비밀을 알 수가 있다.

제40절

शौचात् स्वाङ्गजुगुप्सा परैरसंसर्गः

।४०।

Śaucātsvāṅgajugupsā parairasaṁsargaḥ

사우차트 스방가주구프사 파라이라삼사르가흐 | 40 |

청정함으로부터 몸에 대한 혐오감이 생기며,

다른 사람의 몸에 대한 육체적인 접촉이 사라짐으로써

음행심이 일어나지 않는다.

제41절

सत्त्वशुद्धिसौमनस्यैकाग्र्येन्द्रियजयात्मदर्शनयोग्यत्वानि च ।४१।

Sattvaśuddhisaumanasyaikāgryendri
yajayātmadarśanayogyatvāni ca

사뜨바수띠사우마나스야이카그라옌드리
야자야트마다르사나요그야트바니 차 ｜41｜

순수성의 수행에 의해 정화되고,
한곳으로 집중하고,
감각 통제와 참나에 대한 전체적인 수행의 체계를
정확하게 본다.

제42절

संतोषादनुत्तमः सुखलाभः

।४२।

Santoṣādauttamasukhalābhaḥ

산토샤다누따마흐 수칼라바흐 | 42 |

어떤 것에도 비할 수 없는 행복은

만족함으로부터 얻는다.

제43절

कायेन्द्रियसिद्धिरशुद्धिक्षयात्तपसः

।४३ ।

Kāyendriyasiddhiraśuddhikṣayāttapasaḥ

카옌드리야시띠라아수띠크샤타파사흐 | 43 |

집중된 수행으로써 비순수성은 파괴되고,

몸과 감각기관이 완벽해지고,

신비한 능력을 얻는다.

제44절

स्वाध्यायादिष्टदेवतासंप्रयोगः

।४४।

Svadhyāyādiṣṭadevatāsamprayogaḥ

스바드야야디쉬타데바타삼프라요가흐 | 44 |

영적인 경전을 공부함에 의해서

신과의 합일이 일어난다.

제45절

समाधिसिद्धिरीश्वरप्रणिधानात्

।४५।

Samādhisiddhirīśvarapraṇidhānāt

사마디시띠리스바라프라니다나트 | 45 |

삼매 또는 초월 상태는

신에 대한 내맡김에 의해서 온다.

제46절

स्थिरसुखमासनम् ।४६।

Sthirasukhamāsanam

스티라수카마사남 | 46 |

자세는 안정되고 편안해야 한다.

제47절

प्रयत्नशैथिल्यानन्तसमापत्तिभ्याम्

।४७।

Prayatnaśaithilyānantasamāpattibhyām

프라야트나사이틸야난타사마파띠브얍 | 47 |

불안정한 상태를 이완하고 무한함을 명상함으로써

아사나 자세는 완성으로 도달된다.

제48절

ततो द्वन्द्वानभिघातः

।४८।

Tato dvandvānabhighātaḥ

타토 드반드바나비가타흐 | 48 |

그렇게 함으로써 상반되는 것들은

어떤 영향을 주지 못한다.

제49절

तस्मिन् सतिश्वासप्रश्वासयोर्गतिविच्छेदः प्राणायामः ।४९।

Tasmin sati śvāsapraśvāsayorgativicchedaḥ
prāṇāyāmaḥ

타스민 사티 스바사프라스바사요르가티비쩨다흐

프라나야마흐 | 49 |

자세를 하고 난 후에

호흡법은 호흡의 들이쉬고 내쉬고 멈추는 것이다.

제50절

बाह्याभ्यन्तरस्तम्भवृत्तिर्देशकालसंख्याभिः परिदृष्टो दीर्घसूक्ष्मः ।५०।

Bāhyābhyantarastambhavṛttirdeśakālasaṅkhyābhiḥ
paridṛṣṭo dīrghasūkṣmaḥ

바흐야브얀타라스탐바브리띠르데사칼라삼크야비흐

파리드리쉬토 디르가수크스마흐 ｜50｜

호흡법은 외적이거나 내적이거나 멈추는 것이 있으며,

장소·시간·수에 의해 통제되고 연장되며 섬세해진다.

제51절

बाह्याभ्यन्तरविषयाक्षेपी चतुर्थः
।५१।

Bāhyābhyantaraviṣayākṣepī caturthaḥ

바흐야브얀타라비샤야크셰피 차투르타흐 | 51 |

네번째의 호흡법은

들이쉬고 내쉬는 것을 넘어서는 것이다.

제52절

ततः क्षीयते प्रकाशावरणम्

।५२।

Tataḥ kṣīyate prakāśāvaraṇam

타타흐 크쉬야테 프라카사바라남 | 52 |

그렇게 함으로써

내면의 빛을 가리고 있는 것이 사라진다.

제53절

धारणासु च योग्यता मनसः
।५३।

Dhāraṇāsu ca yogyatā manasaḥ

다라나수 차 요그야타 마나사흐 | 53 |

그리고 집중은 마음을 확립하기 위한 것이다.

제54절

स्वविषयासंप्रयोगे चित्तस्यस्वरूपानुकार इवेन्द्रियाणां प्रत्याहारः ।५४।

Svaviṣayāsamprayoge cittasya svarūpānukāra
ivendriyāṇāṁ pratyāhāraḥ

스바비샤야삼프라요게 치따스야스바루파누카라
이벤드리야남 프라트야하라흐 | 54 |

감각의 통제는 마음의 본성을 따라감으로써
감각 대상들로부터 접촉되지 않고
감각들을 철수하게 된다.

제55절

ततः परमा वश्यतेन्द्रियाणाम्

।५५।

Tataḥ paramā vaśyatendriyāṇām

타타흐 파라마 바스야텐드리야남 | 55 |

그렇게 감각 통제가 됨으로써

감각 기관들을 최상으로 통제한다.

제3장

विभूति पादः

Vibhūti Pāda

비부티 파다

초능력의 장

제1절

देशबन्धश्चित्तस्य धरणा ।१।

Deśabandhaścittasya dhāraṇā

데사반다스치따스야 다라나 | 1 |

집중은

마음을 하나의 대상으로 모아지게 하는 것이다.

제2절

तत्र प्रत्ययैकतानता ध्यानम्

।२।

Tatra pratyayaikatānatā dhyānam

타트라 프라트야야이카타나타 드야남 | 2 |

마음의 집중이 한 대상에 연속적으로 모아지면

명상이다.

제3절

तदेवार्थमात्रनिर्भासं स्वरूपशून्यमिव समाधिः ।३।

Tadevārthamātranirbhāsaṁ
svarūpaśūnyamiva samādhiḥ

타데바르타마트라니르바삼
스바루파순야미바 사마디흐 |3|

자기 자신의 형상이 텅 비어 대상만이 유일하게 빛날 때,
명상의 대상이 명상자에게 녹아드는 것처럼 될 때
그때가 삼매이다.

제4절

त्रयमेकत्र संयमः ।४।

Trayamekatra saṁyamaḥ

트라야메카트라 삼야마흐 | 4 |

세 가지인 집중·명상·삼매를 동시에 수행하는 것을

삼야마(Samyama)라고 한다.

제5절

तज्जयात् प्रज्ञालोकः ।५।

Tajjayātprajñālokaḥ

타짜야트 프라그야로카흐 | 5 |

그것, 즉 총체인 삼야마를 성취함으로써

지혜를 통찰한다.

제6절

तस्य भुमिषु विनियोगः ।६।

Tasya bhūmiṣu viniyogaḥ

타스야 부미슈 비니요가흐 | 6 |

그 세 가지의 수행 방식인 삼야마의 수행은

그것의 단계에서 적용된다.

제7절

त्रयमन्तरङ्गं पूर्वेभ्यः ।७।

Trayamantaraṅgaṁ pūrvebhyaḥ

트라야만타랑감 푸르베브야흐 | 7 |

세 가지 모두 이전의 다섯 가지들과 연관시킬 때 내면적이다.

제8절

तदपि बहिरङ्गं निर्बीजस्य ।८।

Tadapi vahiraṅgaṁ nirvījasya

타다피 바히랑감 니르비자스야 | 8 |

이 총체적인 삼야마는

씨앗이 없는 삼매인 니르비자 삼매보다 외적이다.

제9절

व्युत्थाननिरोधसंस्कारयोरभिभवप्रादुर्भावौनिरोधक्षणचित्तान्वयो निरोधपरिणामः ।९।

Vyutthānanirodhasaṁskārayorabhiva
prādurbhāvaunirodhakṣaṇacittānvayo
niridhapariṇāmaḥ

브유따나니로다삼스카라요라비바바프라두르바바우
니로다크샤나치딴바요 니로다파리나마흐 |9|

변형에 집중하는 니로다 파리나마흐는
생각들이 일어나고 사라지는 것을 집중할 때이다.
그것은 마음의 찰나찰나 순간적으로
그 변형된 의식을 집중하는 것이다.

제10절

तस्य प्रशान्तवाहिता संस्कारात्

।१०।

Tasya praśāntavāhitā saṁskārāt

타스야 프라산타바히타 삼스카라트 | 10 |

변형된 의식을 집중하면

반복되는 인상들에게서 영향을 받지 않는다.

제11절

सर्वार्थतैकाग्रतयोः क्षयोदयौ चित्तस्य समाधिपरिणामः ।११।

Sarvāthataikāgratayoḥ kṣayodayau

cittasya samādhipariṇāmaḥ

사르바르타이카그라타요흐 크샤요다야우

치따스야 사마디파리리나마흐 ㅣ11ㅣ

초월 의식의 변형인 사마디 파리나마는 마음의 분산과

한곳으로의 집중이 나타나고 사라지는 것이다.

제12절

ततः पुनः शान्तोदितौतुल्यप्रत्ययौ चित्तस्यैकाग्रतापरिणामः

।१२।

Tataḥ punaḥ śāntoditau tulyapratyayau
cittasyaikāgratāpariṇāmaḥ

타타흐 푸나흐 산토디타우 툴야프라트야야우

치따스야이카그라타파리나마흐 | 12 |

그때 또다시 사라졌다가 나타나는 대상이 똑같을 때,

그 상태는 에카그라타 파리나마인 마음이

한곳으로의 집중된 변형이라고 부른다.

제13절

एतेन भूतेन्द्रियेषु धर्मलक्षणावस्थापरिणामा व्याख्याताः ।१३।

Etena bhūtendriyeṣu
dharmalakṣaṇāvastāpariṇāmā vyākhyātāḥ

에테나 부텐드리예슈

다르마락샤나바스타파리나마 브야크흐야타흐 | 13 |

이 세 가지의 변형에 의해 물질의 특질의 변화,

시간의 요인들,

외부적인 대상과 원소와 감각들의 변형이 설명되었다.

제14절

शान्तोदितावयपदेश्यधर्मानुपाती धर्मी

।१४।

Śāntoditāvyapadeśyadharmānupātī dharmī

산토디타브야파데스야다르마누파티 다르미 | 14 |

특성들의 대상인 실재는 모두 숨어 있고,

활동적이거나 드러나지 않은 면을 다 가지고 있다.

제15절

क्रमान्यत्वं परिणामान्यत्वे हेतुः

।१५।

Karmānyatvaṁ pariṇāmānyatve hetuḥ

크라만야트밤 파리나만야트베 헤투흐 | 15 |

연속적인 인식의 변형은

구별하는 것에서 원인이 있다.

제16절

परिणामत्रयसंयमादतीतानागतक्षानम्

।१६।

Pariṇāmatrayayasaṁyamādatītānāgatajñānam

파리나마트라야삼야마다티타나가타그야남 | 16 |

세 가지 변형에 대하여 삼야마를 실천함으로써

과거와 미래의 지식이 나타난다.

제17절

शब्दार्थप्रत्ययानामितरेतराध्यासात्सङ्करस्तत्प्रविभागसंयमात्सर्वभूतरुतज्ञानम् ।१७।

Śabdārthapratyayānāmitaretarādhyāsātsaṅkaras
tatpravibhāgasaṁyamātsarvabhūtarutajñānam

사브다르타프라트야야나미타레타라드야사트상카라스
타트프라비바가삼야마트사르바부타루타그야남 | 17 |

소리와 뜻과 생각들은 서로가 하나로 뒤섞여 나타난다.
그것들에 대해서 삼야마를 각각 실천함으로써
살아 있는 모든 존재들의 언어에 대한 지식이 생긴다.

제18절

संस्कारसाक्षात्करणात्पूर्वजातिज्ञानम्

।१८।

Saṁskārasākṣātkaraṇātpūrvajātijñānam

삼스카라사크샤트카라나트푸르바자티그야남 | 18 |

잠재적인 인상의 직접적인 인식에 의해

전생에 대한 지혜가 생긴다.

제19절

प्रत्ययस्य परचित्तज्ञानम् ।१९।

Pratyayasya paracittajñānam

프라트야야스야 파라치따그야남 | 19 |

관념에 대한 삼야마를 실천함으로써
또 다른 마음에 대한 지혜가 생긴다.

제20절

न च तत् सालम्बनं तस्याविषायीभूतत्वात् ।२०।

Na ca tatsālambanaṁ
tasyāviṣayībhūtatvāt

나 차 타트 살람바남
타스야비샤이부타트바트 |20|

사람들의 마음에 있는 생각들은 알 수가 없다.
왜냐하면 그것은 삼야마의 대상이 아닌 것이다.

제21절

कायरूपसंयमात्तद्ग्राह्यशक्तिस्तम्भे चक्षुः प्रकाशासंप्रयोगेऽन्तर्धानम् ।२१।

Kāyarūpasaṁyamāttadgrāhyaktistambhe
cakṣuḥprakāśāsamprayoge`ntardhānam

카야루파삼야마따드그라흐야사크티스탐베
차크슈흐프라카사삼프라요게안타르다남 | 21 |

몸의 형상에 대한 삼야마를 실천하고
그 형상의 받아들임을 중지함으로써
눈과 빛 사이의 접촉은 없다.
그래서 요가 수행자의 모습이 눈에 안 보일 수가 있다.

제22절

एतेन शब्दाद्यन्तर्धानमुक्तम्
।२२।

Etena śabdādyantardhānamuktam

에테나 사브다드얀타르다나무크탐 | 22 |

지금까지 말한 것에 의해서

소리와 다른 것들의 사라짐이 이해될 수 있다.

제23절

सोपक्रमं निरुपक्रमं च कर्म तत्संयमादपरान्तज्ञानमरिष्टेभ्यो वा ।२३।

Sopakramaṁ nirupakramaṁ ca karma
tatsaṁyamādaparāntajñānamariṣṭebhyo vā

소파크라맘 니루파크라맘 차 카르마
타트삼야마다파란타그야나마리쉬테브요 바 | 23 |

카르마는 두 종류가 있는데
빠르게 나타나거나 천천히 나타나는 게 있다.
그것들에 대해, 또는 죽음의 전조에 대해
삼야마를 실천함으로써
죽음의 시간에 대한 지혜가 얻어진다.

제24절

मैत्र्यादिषु बलानि ।२४।

Maitryādiṣu balāni

마이트르야디슈 발라니 | 24 |

친밀함 등등에 대한 삼야마를 실천함으로써

그와 같은 특별한 힘들이 생긴다.

제25절

बलेषु हस्तिबलादीनि ।२५।

Baleṣu hastibalādīni

발레슈 하스티발라디니 | 25 |

코끼리 등에 대한 삼야마를 실천함으로써

그에 상응하는 힘이 개발된다.

제26절

प्रवृत्त्यालोकन्यासात् सूक्ष्मव्यवहितविप्रकृष्टज्ञानम् ।२६ ।

Pravṛttyālokanyāsāt
sūkṣmavyahitaviprakṛṣṭajñānam

프라브리뜨야로칸야사트
수크스마브야바히타비프라크리쉬타그야남 | 26 |

내면의 빛을 삼야마로 수행함으로써
섬세하고 감추어져 있거나,
멀리 떨어져 있는 대상들에 대한 지혜가
얻어진다.

제27절

भुवनज्ञानं सुर्ये संयमात्

।२७।

Bhuvanajñānaṁ sūrye saṁyamāt

부바나그야남 수르예 삼야마트 | 27 |

태양에 대한 삼야마를 실천함으로써
태양계의 지혜가 얻어진다.

제28절

चन्द्रे ताराव्यूहज्ञानम् ।२८।

Candre tārāvyūhajñānaṁ

찬드레 타라브유하그야남 | 28 |

달에 대한 삼야마를 실천함으로써

별들의 위치에 대한 지혜가 얻어진다.

제29절

ध्रुवे तद्गतिज्ञानम् ।२९।

Dhruve tadgatijñānaṁ

드루베 타드가티그야남 | 29 |

북극성에 대한 삼야마를 실천함으로써
별들의 움직임에 대한 지혜가 획득될 수 있다.

제30절

नाभिचक्रे कायव्यूहज्ञानम्

।३०।

Nābhicakre kāyavyūhajñānaṁ

나비차크레 카야브유하그야남 | 30 |

배꼽 중심에 삼야마를 실천함으로써
몸의 배열에 대한 지혜가 얻어진다.

제31절

कण्ठकूपे क्षुत्पिपासानिवृत्तिः

।३१।

Kaṇṭhakūpe kṣutpipāsānivṛttiḥ

칸타쿠페 크슈트피파사니브리띠흐 | 31 |

목구멍에 대한 삼야마를 실천함으로써

배고픔과 목마름이 없어진다.

제32절

कूर्मनाड्यां स्थैर्यम् ।३२।

Kūrmanāḍyāṁ sthairyam

쿠르마나드얌 스타이르얌 | 32 |

명상 자세의 안정됨은

쿠르마 나디(목 아래 거북 형상의 관)에 대한

삼야마에 의해서 성취된다.

제33절

मूर्धज्योतिषि सिद्धदर्शनम्

।३३।

Mūrdhajyotiṣi siddhadarśanam

무르다죠티쉬 시따다르사남 | 33 |

머리 정수리 빛에 대한 삼야마를 실천함으로써

영적인 스승들의 영적인 비전이 얻어진다.

제34절

प्रातिभाद्वा सर्वम् ।३४।

Prātibhādvā sarvam

프라티바드바 사르밤 | 34 |

또는 직관의 힘에 의해서 모든 능력이 얻어진다.

제35절

हृदये चित्तसंवित् ।३५।

Hṛdaye cittasaṁvit

흐리다예 치따삼비트 | 35 |

가슴에 대한 삼야마를 함으로써

치따의 지혜가 일어난다.

제36절

सत्त्वपुरुषयोरत्यन्तासंकीर्णयोः प्रत्ययाविशेषो भोगः परार्थात्वात्स्वार्थसंयमात्पुरुषक्षानम् ।३६ ।

Sattvapuruṣayoratyantāsaṅkīrṇayoḥ
pratyayāviśeṣo bhogaḥ
parārthatvātsvātsvārthasaṁyamātpuruṣajñānaṁ

사뜨바푸루샤요라트얀타삼키르나요흐
프라트야야비세쇼 보가흐
파라르타트바트스바르타삼야마트유루샤그야남 | 36 |

참나와 섬세한 대상(사뜨바)은 완전히 다르다.
섬세한 대상은 참나를 위해 존재한다.

그러나 참나는

그 자신의 자체적인 목적 때문에 존재한다.

이 둘을 구별하지 못하는 것은 모든 경험 때문이다.

섬세한 대상을 삼야마로 집중함으로써

참나의 지혜를 얻는다.

제37절

ततः प्रातिभश्रावणवेदनादर्शास्वादवार्ता जायन्ते ।३७।

Tataḥ prātibhaśrāvaṇavedanādarśāsvādavārtā jāyante

타타흐 프라티바스라바나베다나다르사스바다바르타 자얀테 | 37 |

그곳으로부터 초월적인 청각, 감각, 시각, 미각, 그리고 후각 능력이 생긴다.

제38절

ते समाधावुपसर्गा व्युत्थाने सिद्धयः

।३८।

Te samādhāvupasargā vyutthāne siddhayaḥ

테 사마다우부파사르가 브유따네 시따야흐 | 38 |

세상의 의식에서는 초능력들이지만

무종자 삼매에는 장애물이다.

제39절

बन्धकारणशैथिल्यात्प्रचारसंवेदनाच्च चित्तस्य परशरीरावेशः ।३९।

Bandhakāraṇaśaithilyātpracārasaṁvedanācca
cittasya paraśarīrāveśaḥ

반다카라나사이틸야트프라차라삼베다나짜

치따스야 파라사리라베사흐 | 39 |

몸에 대한 속박의 원인을 풀고

마음은 몸을 통과하는 지식에 의해서

다른 사람의 몸에 들어간다.

제40절

उदानजयाज्जलपङ्कण्टकादिष्वसङ्ग उत्क्रान्तिश्च ।४०।

Udānajayājjalapaṅkakaṇṭakādiṣvasaṅga utkrāntiśca

우다나자야짤라팡가칸타카디쉬바상가

우트크란티스차 |40|

우다나가 숙달됨으로써

물 · 진흙 · 가시넝쿨 등과의 접촉이 사라지고,

몸이 공중부양된다.

제41절

समानजयाज्ज्वलनम् ।४१।

Samānajayājjvalanam

사마나자야쯔발라남 | 41 |

사마나 바유에 숙달함으로써 몸이 빛난다.

제42절

श्रोत्राकाशयोः संबन्धसंयमाद्दिव्यं श्रोत्रम्
।४२।

Śrotrākāśayoḥ
sambandhasaṁyamāddivyaṁ śrotram

스로트라카사요흐
삼반다삼야마드이브얌 스로트람 | 42 |

귀와 공간의 관계에 대해 삼야마를 함으로써
초감각적인 들음이 있다.

제43절

कायाकशयोः संबन्धसंयमाह्लुघुतूलशामा पत्तेश्चाकाशगमनम् ।४३।

Kāyākāśayoḥ sambandhasaṁyamāllaghtūlasamā patteścākāśagamanam

카야카사요흐 삼반다삼야말라구툴라사마

파떼스차카사가마남 | 43 |

몸과 공간의 관계에 대해서 삼야마를 하고,

몸과 목화 솜의 가벼움의 결합에 의해서 공간을 통과한다.

제44절

बहिरकल्पिता वृत्तिर्महाविदेहा ततः प्रकशावरणक्षयः ।४४।

bahirakalpitā vṛttirmahāvidehā tataḥ
prakāśāvaraṇakṣayaḥ

바히라칼피타 브리띠르마하비데하 타타흐
프라카사바라나크샤야흐 ｜44｜

몸이 없는 상태를 집중함으로써 의식은 몸 밖에서 움직이고,
밝은 빛을 가리는 장막은 사라진다.

제45절

स्थूलस्वरूपसूक्ष्मान्वयार्थवत्त्वसंयमाद्
भूतजयः ।४५।

Sthūlasvarūpasūpasūkṣmānvayāryhavattvasaṁyamād bhūtajayaḥ

스툴라스바루파수크스만바야르타바뜨바삼야마드

부타자야흐 |45|

거칠고 독립적이고 섬세하게 연결되어 있는

상태와 요소들의 목적에 대해 삼야마를 함으로써

그것들에 대해 숙달하고 지배하게 된다.

제46절

ततोऽणिमादिप्रादुर्भावः कायसंपत्तद्धर्मानभिघातश्च ।४६।

Tato`ṇimādiprādurbhāvaḥ
kāyasampattaddharmānabhighātaśca

타토아니마디프라두르바바흐
카야삼파따따르마나비가타스차 | 46 |

미세함과 다른 초능력의 힘들이 나타나면서 몸이 완성되고,
몸의 기능으로부터 장애가 없어진다.

제47절

रूपलावण्यबलवज्रसंहननत्वानि कयसंपत् ।४७।

Rūpalāvaṇyabalavajrasaṁhananatvāni
kāyasampat

루파라반야발라바즈라삼하나나트바니

카야삼파트 | 47 |

물질적인 몸의 완성은

아름다움, 우아함, 에너지와 단단함을 포함한다.

제48절

ग्रहणस्वरूपास्मितान्वयार्थवत्त्वसंयमादिन्द्रियजयः ।४८।

Grahaṇasvarūpāsmi
tānvayārthavattvasaṁyamādindriyajayaḥ

그라하나스바루파스미
탄바야르타바뜨바삼야마딘드리야자야흐 | 48 |

감각 기관의 정복은 인지 능력, 나타난 존재,
자의식에 대한 감각과의 관계,
감각 기관들의 목적에 대해 삼야마를 함으로써 얻어진다.

제49절

ततो मनोजवित्वं विकरणभावः प्रधानजयश्च ।४९।

Tato manojavitvaṁ vikaraṇabhāvaḥ
pradhānajayaśca

타토 마노자비트밤 비카라나바바흐

프라다나자야스차 | 49 |

그것으로부터 몸은 마음처럼 민첩해지며,

감각 기관으로부터 자유롭게 작용하는 능력을 가지며,

근본 원질인 프라크리티를 지배하게 된다.

제50절

सत्त्वपुरुषान्यताख्यातिमात्रस्य सर्वभावाधिष्ठातृत्वं सर्वज्ञातृत्वं च ।५० ।

Sattvapuruṣānyatākhyātimātrasya
sarvabhāvādhiṣṭhātṛtnaṁ sarvajñātṛtvam ca

사뜨바푸루샤야타크야티마트라스야

사르바바바바디쉬타트리트밤 사르바그야트리트밤 차 ｜50｜

밝은 요소와 참나의 차이를 구별하는 자각에 의해서

모든 상태들과 존재와

최고의 전지자의 능력을 얻게 된다.

제51절

तद्वैराग्यादपि दोषबीजक्षये कैवल्यम्

।५१।

Tadvairāgyādapi doṣavījakṣaye kaivalyam

타드바이라그야다피 도샤비자크샤예 카이발얌트 | 51 |

이러한 초능력 상태까지도 집착하지 않으므로

한계를 만드는 씨앗은 소멸되고,

영원한 자유인 까이발야가 성취된다.

제52절

स्थान्युपनिमन्त्रणे सङ्गस्मयाकरणं पुनरनिष्टप्रसङ्गात् ।५२।

Sthānyupanimantraṇe saṅgasmayākaraṇaṁ
punaraniṣṭaprsaṅgāt

스탄유파니만트라네 상가스마야카라남
푸나라니쉬타프라상가트 | 52 |

천상의 신들에 의해 초대받았을 때에도
자존심을 없애고, 받아들지 않아야 한다.
왜냐하면 그것은 바람직하지 않은 상태로
다시 연결될 가능성이 있기 때문이다.

제53절

क्षणतत्क्रमयोः
संयमाद्विवेकजं क्षानम् ।५३।

Kṣaṇatatkramayoḥ
saṁyamādvivekajaṁ jṅānam

크샤나타트크라마요흐
삼야마드비베카잠 그야남 | 53 |

한 순간과 순간에서 연속적으로 일어나는 것에 대해
삼야마를 함으로써
궁극적 실재에 대한 깨달음의 지혜가 생긴다.

제54절

जातिलक्षणदेशैरन्यतानवच्छेदात् तुल्ययोस्ततः प्रतिपत्तिः ।५४।

Jātilakṣaṇadeśairanyatānavacchedāt
tulyayostataḥ pratipattiḥ

자틸라크샤나데사이란야타나바쩨다트
툴야요스타타흐 프라티파띠흐 | 54 |

두 가지의 비슷한 대상에서 종류, 특성의 나타남,
상태에 의해 각각 구별될 수 없을 때
실재를 깨달은 상태를 통해 분별된다.

제55절

तारकं सर्वविषयं सर्वथाविषयमक्रमं चेति विवेकजं ज्ञानम् । ५५ ।

Tārakaṁ sarvaviṣayaṁ sarvathāviṣayamakramaṁ
ceti vivekajaṁ jñānam

타라캄 사르바비샤얌 사르바타비샤야마크라맘

체티 비베카잠 그야남 | 55 |

초월적인 지식은 연속적인 모든 질서를 초월한

모든 대상들의 지혜를 포함하고,

분별적인 지혜로부터 나온다.

그것이 해탈로 이끌어 준다.

제56절

सत्त्वपुरुषयोः शुद्धिसाम्ये कैवल्यम्

।५६।

Sattvapuruṣayoḥ śuddhisāmye kaivalyamiti

사뜨바푸루샤요흐 수띠삼예 카이발얌 | 56 |

해탈은 참나와 의식의 빛을

똑같이 비추고 정화함으로써 성취된다.

제4장

कैवल्य पाद

Kaivalya Pāda

카이발야 파다

해탈의 장

제1절

जन्मौषधिमन्त्रतपः समाधिजाः सिद्धयः ।१।

Janmauṣadhimantratapaḥ
samādhijāḥ siddhayaḥ

잔마우샤디만트라타파흐

사마디자흐 시따야흐 | 1 |

초자연적인 능력은 전생으로부터의 수행, 약초,

만트라의 수행, 정화하는 수행, 혹은 삼매에서 나온다.

제2절

जात्यन्तरपरिणामः प्रकृत्यापूरात् ।२।

Jātyantarapariṅāmaḥ prakṛtyāpūrāt

자트얀타라파리나마흐 프라크리트야푸라트 | 2 |

창조의 원인인 자연의 흘러넘침에 의해서
다른 탄생으로의 변형(윤회)이 일어난다.

제3절

निमित्तमप्रयोजकं प्रकृतीनां वरणभेदस्तु ततः क्षेत्रिकवत् ।३।

Nimittamaprayojakaṁ prakṛtīnaṁ
varaṇabhedastu tataḥ kṣetrikavat

니미따마프라요자캄 프라크리티남
바라나베다스투 타타흐 크셰트리카바트 | 3 |

창조적인 원인은
우연적인 원인에 의해 행동으로 움직여지지 않는다.
그러나 농부들처럼 장애물들을 뚫고 들어간다.

제4절

निर्माणचित्तान्यस्मितामात्रात्

।४।

Nirmāṇacittānyasmitāmātrāt

니르마나치딴야스미타마트라트 | 4 |

에고 의식에서 나오는 마음은

요가 수행자의 이기심에서 나오는 것이다.

제5절

प्रवृत्तिभेदे प्रयोजकं
चित्तमेकमनेकेषाम् ।५।

Pravṛttibhede prayojakaṁ
cittamekamanekeṣām

프라브리띠베데 프라요자캄

치따메카마네케샴 | 5 |

요가 수행자의 한 가지 마음은

다양한 마음의 작용과 다르나, 그것을 연출해 낼 수 있다.

제6절

तत्र ध्यानजमनाशयम् ।६।

Tatra dhyānajamanāśayam

타트라 드야나자마나사얌 ｜6｜

이것들 중에서 명상에서 나온 한 가지의 마음만이 잠재된 업의 인상들로부터 자유롭다.

제7절

कर्माशुक्लाकृष्णं योगिनस्त्रिविधमितरेषाम् ।७।

Karmāśuklākṛṣṇaṁ
yoginastrividhamitareṣām

카르마수클라크리쉬남
요기나스트리비다미타레샵 | 7 |

요기들의 행위들은
희지(긍정적인 것)도 않고, 검지(부정적인 것)도 않다.
그러나 다른 사람들의 행위에는 세 가지가 있다.
즉 긍정적인 것, 부정적인 것, 섞여 있는 것이다.

제8절

जात्यन्तरपरिणामः प्रकृत्यापूरात् ।२।

Tatastadvipākānuguṇānāmevābhiv yaktirvāsanānām

타타스타드비파카누구나나메바비브 야크티르바사나남 | 8 |

그러한 행위로부터 단지 그들의 결과를
좋은 조건으로 만들어낼 수 있는 잠재된 욕구들이
특정한 생을 통하여 나타난다.

제9절

जातिदेशकालव्यवहितानामप्यानन्तर्यं स्मृतिसंस्कारयोरेकरूपत्वात् ।९।

Jātideśakālavyavahitānāmapyānantaryaṁ
smṛtisaṁskārayorekarūpatvāt

자티데사칼라브야바히타나마프야난타르얌
스므리티삼스카라요레카루파트바트 | 9 |

기억과 잠재된 인상들이 동일한 형태로 나타나기 때문에
그들이 출생 계급과 장소와 시간에 의해
나뉘어진다고 할지라도
분리되지 않고 연속성을 가지고 있다.

제10절

तासामनादित्वं चाशिषो नित्यत्वात्

।१०।

Tāsāmanāditvaṁ cāśiṣo nityatvāt

타사마나디트밤 차시쇼 니트야트바트 | 10 |

살려는 욕망이 영속적이기 때문에

잠재된 인상의 행위도 계속해서 존재한다.

제11절

हेतुफलाश्रयालम्बनैः संगृहीतत्वादेषामभावे तदभावः ।११।

Hetuphalāśrayālambanaiḥ
saṅgṛhītatvādeṣāmabhāve tadabhāvaḥ

헤투팔라스라얄람바나이흐

삼그리히타트바데샤마바데 타다바바흐 | 11 |

잠재된 욕망이란,

원인과 결과와 지지하는 것과 대상과 함께

연결되어 있기 때문에 그것들이 사라짐으로써

그것 또한 사라진다.

제12절

अतीतानागतं स्वरूपतोऽस्त्यध्वभेदाद्धर्माणाम्

।१२।

Atītānāgataṁ
svarūpatp`styadhvabhedāddharmāṇām

아티타나가탐

스바루파토아스트야드바베다따르마남 | 12 |

과거와 미래는 특성들의 상태와 차이로서,

그 본래의 모습 안에서 존재한다.

제13절

ते व्यक्तसूक्ष्माः गुणात्मानः
।१३।

Te vyaktasūkṣma guṇātmānaḥ

테 브야크타수크스마흐 구나트마나흐 | 13 |

시간의 세 형태는 드러나거나 섬세하거나
그것들은 자연의 본성이다.

제14절

परिणामैकत्वाद्वस्तुतत्त्वम्

।१४।

Pariṇāmaikatvādvastutattvam

파리나마이카트바드바스투타뜨밤 | 14 |

사물의 본질은

자연 또는 구나들의 변형의 일관된 균일성 때문이다.

제15절

वस्तुसाम्ये चित्तभेदात्तयोर्विभक्तः पन्थाः ।१५।

Vastusāmye cittabhedāttayorvibhaktaḥ
panthāḥ

바스투삼예 치따베다따요르비바크타흐
판타흐 | 15 |

같은 대상이 다르게 나타나는 것은
마음의 각각 다른 경로 때문이다.

제16절

न चैकचित्ततन्त्रं चेद्वस्तु तदप्रमाणकं तदा किं स्यात् ।१६।

Na caikacittatantraṁ vastu tadapramāṇakaṁ
tadā kiṁ syāt

나 차이카치따탄트람 체드바스투 타다프라마나캄

타다 킴 스야트 | 16 |

대상의 존재는 하나의 마음에 의존하지 않는다.
그리고 만일 마음이 대상을 인지하지 않았을 때,
그 대상에 어떤 일이 일어날 수 있을까?.

제17절

तदुपरागापेक्षित्वाच्चित्तस्य वस्तु ज्ञाताज्ञातम् ।१७।

Taduparāgāpekṣitvāccittasya vastu jñātājñātam

타두파라가페크시트바찌따스야 바스투
그야타그야탐 | 17 |

대상이 알려지거나 그렇지 않은 것은
마음이 대상에 의해 영향을 받았는지 아닌지에 달려 있다.

제18절

सदा ज्ञाताश्चित्तवृत्तयस्तत्प्रभोः पुरुषस्यापरिणामित्वात् ।१८।

Sadā jñātāścittavṛttatayastatprabhoḥ
puruṣasyāpariṇāmitvāt

사다 그야타스치따브리따야스타트프라보흐

푸루샤스야파리나미트바트 | 18 |

마음의 주인인 참나는 변함이 없다.

따라서 참나는 항상 마음의 움직임을 알고 있다.

제19절

न तत् स्वाभासं दृश्यत्वात्

।१९।

Na tatsvābhāsaṁ dṛśyatvāt

나 타트 스바바삼 드리스야트바트 | 19 |

마음은 스스로 빛을 내지 못한다.

그것은 참나에 의해 알려지는 대상이기 때문이다.

제20절

एकसमये चोभयानवधारणम्

।२०।

Ekasamaye cobhayānavadhāraṇam

에카사마예 초바야나바다라남 | 20 |

마음과 대상은

주체나 객체 둘 다를 인식하지 못한다.

제21절

चित्तान्तरदृश्ये बुद्धिबुद्धेरतिप्रसङ्गः स्मृतिसंकरश्च ।२१।

Cittāntaradṛśye buddhibuddheratiprasaṅgaḥ
smṛtisaṅkaraśca

치딴타라드리스예 부띠부떼라티프라상가흐
스므리티삼카라스차 | 21 |

한 사람의 마음이 다른 사람의 마음에 의해 인식된 그것은
끝이 없는 과정이 된다.
그것은 결국 기억의 혼란을 가져온다.

제22절

चित्तेरप्रतिसंक्रमायायास्तदाकारापत्तौ स्वबुद्धिसंवेदनम् ।२२।

Citerapratisaṅkramāyāstadākārāpattau
svabuddhisaṁvedanam

치떼라프라티삼크라마야스타다카라파따우

스바부띠삼베다남 | 22 |

참나에 대한 의식은 변하지 않으나

그것이 반영되고 동일시될 때 참나를 알게 되는 것이다.

제23절

द्रष्टृदृश्योपरक्तं चित्तं सर्वार्थम्

।२३।

Draṣṭṛdṛśyoparaktaṁ cittaṁ sarvārtham

드라쉬트리드리스요파라크탐 치땀 사르바르탐 | 23 |

보는 자와 보여지는 것에 의해

그 둘 다에 의해 물든 마음은 모든 것을 이해한다.

제24절

तदसंख्येयवासनाभिश्चित्रमपि
परार्थं संहत्यकारित्वात् ।२४।

Tadasaṅkhyeyavāsanābhiścitramapi
parārthaṁ saṁhatyakāritvāt

타다삼크예야바사나비스치트라마피
파라르탐 삼하트야카리트바트 | 24 |

수많은 인상에 의해 물들여졌을지라도
마음은 참나를 위해서 있다.
그것은 참나와 연결되어 작용하기 때문이다.

제25절

विशेषदर्शिन आत्मभावभावनानिवृत्तिः

।२५।

Viśsṣadarśina ātmabhāvabhāvanāvinivṛttiḥ

비세샤다르시나 아트마바바바바나니브리띠흐 | 25 |

참나와 마음의 구분을 보는 자에게는

참나처럼 마음의 생각을 완전히 멈춘다.

제26절

तदा विवेकनिम्नं
कैवल्यप्राग्भारं चित्तम् ।२६।

Tadā vivekanimnaṅ
kaivalyaprāgbhārañ cittam

타다 비베카님남
카이발야프라그바람 치땀 ㅣ26ㅣ

그때 마음은 지혜로 향하기 쉬우며,
해탈로 향하기 쉽다.

제27절

तच्छिद्रेषु प्रत्ययान्तराणि संस्कारेभ्यः ।२७।

Tacchidreṣu pratyayāntarāṅi
saṁskārebhyaḥ

타찌드레슈 프라트야얀타라니
삼스카레브야흐 | 27 |

지혜로운 분별 상태 중간에 다른 생각들이
과거의 인상 때문에 일어난다.

제28절

हानमेषां क्लेशवदुक्तम् ।२८।

Hānameṣāṁ kleśavaduktam

하나메샴 클레사바두크탐 | 28 |

이런 다른 생각들의 제거는

고통들이 파괴된 것이라고 말한다.

제29절

प्रसंख्यानेऽप्यकुसीदस्य सर्वथा विवेकख्यातेर्धर्ममेघः समाधिः ।२९।

Prasaṅkhyāne`pyakusīdasya sarvathā
vivekakhyāterdharmameghaḥ samādhiḥ

프라삼크얀네아프야쿠시다스야 사르바타
비베카크야테르다르마메가흐 사마디흐 | 29 |

심지어 최상의 인식 상태에서도 어떤 집착도 없으며,
가장 높은 분별지(分別智)를 실천한 사람이라야
다르마 메가인 법운(法雲) 삼매가 온다.

제30절

ततः क्लेशकर्मनिवृत्तिः ।३०।

Tataḥ kleśakarmanivṛttiḥ

타타흐 클레사카르마니브리띠흐 | 30 |

그후에 고통과 행위로부터 자유로워진다.

제31절

तदासर्वावरणमलापेतस्य ज्ञानस्यानन्त्याज्ज्ञेयमल्पम्

।३१।

Tadāsarvāvaraṇamalāpetasya
jñānasyānantyājjñeyamalpam

타다사르바바라나말라페타스야

그야나스야난트야트즈그예야말팜 | 31 |

그때 모두 덮여져 있는 비순수성들은 완전히 제거되었다.

무한한 지혜 때문에

알아야 할 것은 거의 남아 있지 않다.

제32절

ततः कृतार्थनां परिणामक्रमसमाप्तिर्गुणानाम् ।३२।

Tataḥ kṛtārthānāṁ
pariṇāmakramasamāptirguṇānām

타타흐 크리타르타남

파리나마크라마사마프티르구나남 | 32 |

그 이후에 속성들인 구나들의 목적이 성취된다.
그리고 변화의 과정이 끝난 후에 속성들이 물러난다.

제33절

क्षणप्रतियोगी परिणामापरान्तानिर्ग्राह्यः क्रमः ।३२।

Kṣaṇapratiypgi
pariṇāmāparāntanirgrāhyaḥ kramaḥ

크샤나프라티요기

파리나마파란타니르그라흐야흐 크라마흐 | 33 |

집중이 이어져 변화의 멈춤이

명확하게 인식된 순간의 연속적인 상태이다.

제34절

पुरुषार्थशून्यानां गुणानां प्रतिप्रसवः कैवल्यं स्वरूपप्रतिष्ठा वा चितिशक्तेरिति ।३४।

Puruṣārthaśūnyānaṁ guṇānāṁ pratiprasavaḥ
kaivalyaṁ svarūpapratiṣṭhā vā citiśaktiriti

푸루샤르타순야남 구나남 프라티프라사바흐
카이발얌 스바루파프라티쉬타 바 치티사크테리티 | 34 |

이처럼 최상의 해탈의 상태에서는 속성인 구나들이
스스로 자연인 프라크리티에 잠재되어 귀속되고,
참나인 푸루샤의 목적이 사라진다.
즉 순수 의식의 힘은 그 자신의 고유한 본성에 확립된다.

부 록

산스크리트 발음

	모 음
अ	A
आ	Ā (길게)
इ	I
ई	Ī (길게)
उ	U
ऊ	Ū (길게)
ऋ	Ṛi
ॠ	Ṛī (길게)
ऌ	Ḷi
ए	E
ए	AI
आ	O
आ	AU
अ	**AM** (주로 ㅁ 또는 ㄴ 받침)
अः	AH

자 음

1. 후음	क ka	ख kha	ग ga	घ gha	ङ ṅa		
2. 구개음	च cha	छ chha	ज ja	झ jha	ञ ña	य ya	श śa
3. 반설음	ट ṭa	ठ ṭha	ड ḍa	ढ ḍha	र ra	ष sha	
4. 치음	त ta	थ tha	द da	ध dha	न na	ल la	स sa
5. 순음	प pa	फ pha	ब ba	भ bha	म ma	व va	
6. 기음	ह ha						

[참고] 이 책에 발음된 산스크리트어에서
모음 A와 Ā는 모두 '아'로,
I와 Ī는 모두 '이'로,
U와 Ū는 모두 '우'로,
Ṛi와 Ṛī는 모두 '리'로 표기하였으며,
자음 ka와 kha 발음은 모두 '카'로 표기하였으며
ga와 gha 발음은 모두 '가'로,
ja와 jha 발음은 모두 '자'로,
ta와 tha, ṭa와 ṭha 발음은 모두 '타'로,
cha와 chha 발음은 모두 '차'로,
da와 dha, ḍa와 ḍha 발음은 모두 '다'로,
pa와 pha 발음은 모두 '파'로,
ba와 bha와 va 발음은 모두 '바'로,
s와 śa 발음은 모두 '사'로,
sha 발음은 '샤'로 표기하였다.
그리고 Na와 ña 발음은 모두 '나'로,
ṅa 발음은 주로 'ㅇ' 받침으로 표기하였다.

산스크리트 용어 해설

A

아난다 (Ananda): 희열, 지복

아누 (Anu): 원자

아드바이타 (Advaita): 둘이 아닌 하나, 불이일원론(不二一元論)

아베다 (Abheda): 다르지 않는

아브야사 (Abhyasa): 영적인 수행

아비니베사 (Abhinivesa): 물질적인 집착

아비드야 (Avidya): 무지, 무명(無明)

아비브약타 (Abhivyakta): 발현된

아사나 (Asana): 아쉬탕가 요가의 여덟 가지 중의 세번째

아삼프라그야 (Asampragya): 무상 삼매, 분별이 없는 삼매

아쉬탕가 (Ashtanga): 요가의 여덟 가지를 말하는 것

아쉬탕가 요가 (Ashtanga Yoga): 라자 요가(Raja Yoga)를 말하며, 8가지 요가

아스미타 (Asmita): 나, 자기 중심적인

아스테야 (Asteya): 야마의 하나이며 훔치지 않는

아자파 (Ajapa): 반복하지 않는

아자파자파 (Ajapajapa): 인위적이지 않는 반복

아카르타 (Akarta): 행위하지 않는 이

아카샤 (Akasha): 천공(天空), 에테르
아트만 (Atman): 참나
아파리그라하 (Aparigraha): 야마의 하나이며 탐욕이 없는
아푼야 (Apunya): 죄의, 사악한
아함 (Aham): 나
아함카라 (Ahamkara): 나라는 생각
아힘사 (Ahimsa): 해치지 않는
안타카라나 (Antakarana): 내면의 기관

B

바바나 (Bhavana): 생각
반다 (Bandha): 하타 요가로서 묶고 조이는 것
보가 (Bhoga): 즐거움
부띠 (Buddhi): 이지, 지성, 분별력
브라마차리 (Brahmachari): 금욕, 자제, 삶의 주기에서 학생기
브라흐만 (Brahman): 절대의 신
비자 (Bija): 씨앗

C

치트 (Chit): 의식, 우주지성

D

다라나 (Dharana): 아쉬탕가 요가의 여섯번째

다르마 (Dharma): 의무, 법칙, 정의, 자연의 법칙

다르마메가 사마디 (Dharmamega Samadhi): 최고의 삼매이며, 법운 삼매(法雲三昧)

데하 (Deha): 육체적인 몸

데히 (Dehi): 개인적인 영혼

두카 (Duhka): 고통

드로스야 (Drosya): 보여지는 대상

드로하 (Droha): 보는 과정

드리크 (Drik): 보는 이

드리티 (Dhriti): 영적인 확고함

드베사 (Dvesa): 증오

드야나 (Dhyana): 집중이 이어짐, 명상

E

에카 (Eka): 하나

에카그라타 파리나마 (Ekagrata Parinama): 한 점에 집중하면서 일어나는 마음의 변화

에카다시 (Ekadasi): 한 부분

G

구나 (Guna): 자연의 속성(사트바, 라자스, 타마스를 말함)

구루 (Guru): 영적인 스승, 어둠을 제거하는 이

그야나 (Gyana): 지혜

그야나 요가 (Gyana Yoga): 지혜를 집중하는 요가

H

하남 (Hanam): 제거하는

흐리다야 (Hridaya): 가슴

I

이사 (Isa): 절대의 신

이스바라 (Isvara): 최상의 영혼의 존재

이스바라 프라니다나 (Isvara Pranidhana): 신을 경배하는 것

인드리야스 (Indriyas): 감각기관

J

자가트 (Jagat): 세계

자파 (Japa): 만트라의 반복적인 수행

죠티 (Jyoti): 빛

지바 (Jiva): 개인의 영혼

지반 묵타 (Jivan Mukta): 참나를 깨달은 이

K

카루나 (Karuna): 동정심

카르마 (Karma): 행위와 행위의 반작용, 업(業)

카이발야 (Kaivalya): 해탈

칼라 (Kala): 시간

케발라 (Kevala): 제한이나 조건이 없는, 독립적인

케발라 니르비칼파 사마디 (Kevala Nirvikalpa Samadhi): 발전된 우주의식, 신의식

켈사 (Kelsa): 장애물

쿤달리니 (Kundalini): 감겨진 에너지이며, 척추를 따라 흐르는 에너지 흐름

크리야 (Kriya): 하타 요가에서의 정화 수행

크리파 (Kripa): 은총

크사나 (Ksana): 순간

L

로카 (Loka): 세계를 말하며, 다양한 층의 세계가 존재한다고 한다. 삼계에서 물질적인 세계와 정신적이고 영적인 세계까지 존재한다고 경전에는 나와 있다.

M

마나스 (Manas): 마음, 마음의 작용

마이트리 (Maitri): 친밀함, 우정(慈)

마하트 (Mahat): 위대한 지성

만트라 (Mantra): 성스러운 소리이며, 바깥으로 소리를 내어 하거나 내면으로 생각하는 소리

무띠따 (Muddhita): 동정심, 비(悲)

묵타 (Mukta): 자유를 얻은

N

나마 (Nama): 이름

나마루파 (Namarupa): 이름과 형태

니드라 (Nidra): 잠

니로다 (Nirodha): 통제

니로다 파리나마 (Nirodha Parinama): 생각을 통제하는 것

니르바나 (Nirvana): 고통의 불이 소멸된 해탈의 상태

니르비자 (Nirbija): 씨앗이 없는, 인상이 없는

니르비자 사마디 (Nirbija Samadhi): 씨앗이 없는 삼매, 무종삼매

니르비차라 (Nirvichara): 반영되지 않은

니르비칼파 (Nirvikalpa): 생각이나 상상이 없는

니르비타르카 (Nirvitarka): 의도적이 아닌

니야마 (Niyama): 아쉬탕가 요가의 두번째이며, 계율을 지키는 것

니트야 (Nitya): 영원한

O

옴 (OM): 모든 소리의 근원인 만트라이며, 브라만을 나타냄

P

파다 (pada): 부분

파라 (Para): 초월적인

파라마트마 (Paramatma): 지고의 참나

파람 (phalam): 결과

파리나마 (Parinama): 변화

파탄잘리 (Patanjali): 요가 수트라의 저자이며, 위대한 수행자이자 요가의 원조이다. 그의 연대는 B.C. 5000년에서 A.D. 300년 사이라고 하며, 정확하지는 않다

푸루샤 (Purusha): 참나이며, 모든 존재의 실체

푼야 (Punya): 미덕

프라나 (Prana): 생명력

프라나바 (Pranava): 우주적인 소리이며, 옴(OM)을 말함

프라나야마 (Pranayama): 아쉬탕가 요가의 네번째이며, 프라나를 조절하는 호흡법

프라카샤 (Prakasha): 빛

프라크리티 (Prakriti): 자연

프라트야하라 (Pratyahara): 아쉬탕가 요가의 다섯번째이며, 감각의 통제

R

라가 (Raga): 좋아하는

라자스 (Rajas): 세 가지 구나 중에서 활동성을 지닌 구나

라자 요가 (Raja Yoga): 최고의 요가라 하며, 명상을 위주로 하는 수행법

루팜 (Rupam): 형태

리쉬 (Rishi): 진리를 아는 이

리탐 (Ritam): 진리

리탐바라 프라그야 (Ritampara Pragya): 지혜로 진리를 꿰뚫어보는

S

사드하나 (Sadhana): 영적인 수행

사르바 (Sarva): 전체

사마디 (Samadhi): 아쉬탕가 요가의 여덟번째이며, 초월적인 상태를 말함

사마디 파리나마 (Samadhi Parinama): 사마디의

사브다 (Sabda): 소리

사비자 (Sabija): 씨앗

사비칼파 (Savikalpa): 생각이나 상상력이 있는 삼매

사비차라 (Savichara): 미세한 생각이 있는 삼매

사비타르카 (Savitarka): 구체적인 대상이 있는 삼매

사우차 (Saucha): 청결함

사뜨바 (Sattva): 순수한 세 구나 중의 하나

사트얌 (Satyam): 진실함

사트 치트 아난다 (Sat Chit Ananda): 절대 지복 의식

사하자 (Sahaja): 자연스러운

삭티 (Shakti): 에너지, 힘

산야시 (Sanyasi): 출가 수행자이며, 모든 것을 넘어선 이

산티 (Shanti): 평온함

삼사라 (Samsara): 윤회

삼스카라 (Samskara): 정신적으로 남은 잠재 인상

삼야마 (Samyama): 대상에 대한 집중, 명상, 삼매를 동시적으로 하나로 수행함

삼토사 (Samtosa): 만족

삼프라그야 (Sampragya): 분별 있는 삼매

수캄 (Sukham): 행복

수트라 (Sutra): 경구

스라다 (Sradha): 믿음

스므르티 (Smrti): 기억

스바드야야 (Svadyaya): 니야마 중의 하나이며, 경전 공부

스바루파 (Svarupa): 본질적인

스바프나 (Svapna): 꿈

스티티 (Sthiti): 우둔함

시띠 (Siddi): 성취, 초능력

T

타뜨바 (Tattva): 실체

타마스 (Tamas): 어둠, 둔함(세 가지 구나 중의 하나)

타파스야 (Tapasya): 니야마 중의 하나이며, 영적인 고행

탄마트라 (Tanmatra): 미세한 요소

탓트 (Tat): 절대를 상징하는 그것

투리야 (Turiya): 초의식 상태

트야가 (Tyaga): 인상으로부터 넘어섬

U

우다라타 (Udarata): 팽창되는

우파라마마타 (Uparamata): 마음의 고요

우페크사남 (Upeksanam): 잊어버림, 사(舍)

V

바사나 (Vasana): 무의식적인 인상

바스투 (Vastu): 대상, 땅

바이라그얌 (vairagyam): 무집착

브리티 (Vritti): 생각의 움직임, 변형

비데하 (Videha): 몸이 없는

비드야 (Vidya): 지식, 지혜

비베카 (Viveka): 분별력

비부티 (Vibhuti): 영적인 힘, 초능력의 힘

비세사 (Vishesa): 특별한

비칼파 (Vikalpa): 상상력

비파르야야 (Viparyaya): 착각

Y

야갸 (Yagya): 희생

야마 (Yama): 아쉬탕가 요가의 첫번째이며, 절제

요가 (Yoga): 절대와 개인을 결합한다는 것이며, 수행 방법도 포함된다. 여섯 철학 체계 중의 하나

요가루다 (Yogarudha): 요가에 확고한 이

박지명 Park, Ji Myoung

영남대 국문과를 졸업, 1974년부터 인도명상을 시작했다. 오랫동안 인도에 머물면서 상카라촤리야(Shankaracharya)와 아드바이트 마트(Advait Mat) 법맥인 스승 스와미 사르바다난드 마하라즈(Swami Sarvadanand Maharaj)에게 인도명상과 인도의 수행체계 및 산스크리트 경전을 공부하였다. 현재는 산스크리트 문화원(Sanskrit Cultural Institute)과 그 부설인 히말라야명상센터(Himalaya Meditation Center)를 세워 자아회귀명상(自我回歸冥想)인 〈스바 삼 비드야 드야나(Sva Sam Vidya Dhyana)〉를 가르치고, 또 산스크리트 경전들을 번역 보급하고 있다.

저서로 《바가바드 기타》《요가 수트라》《우파니샤드》《베다》《반야심경》(동문선 간행), 《불교진언집》《능엄주 진언》《관세음보살 진언》《인도호흡명상》(하남출판사 간행), 《요가 수트라》《하타요가프라디피카》(아마존출판사 간행), 《양한방 자연요법 내몸건강백과》(웅진윙스 간행), 《호흡명상》(물병자리 간행), 《명상교전-비그야나바이라바 탄트라》(지혜의나무 간행) 등 다수가 있으며, 역서로는 《모든 것은 내 안에 있다》《히말라야 성자들》《요가》《자연요법백과시리즈》《마음 밖에는 아무것도 없다》 등 다수가 있다.

산스크리트문화원(Sanskrit Culture Institute)
히말라야명상센터(Himalaya Meditation Center)
서울 종로구 새문안로 5가길 11 옥빌딩 803
홈페이지 www.sanskrit.or.kr
전화번호 02-747-3351

히말라야명상센터 연계센터

에카탈라 요가(Ekatala Yoga) L.A. 본원, 보스코(Bosco) 백승철 선생

http//ekatala.org

2724 Griffith Park Boulevard, Los Angeles, California 90027, United States

323) 345-8458

소함요가명상센터/라이프케어요가명상협회, 이정훈 선생

서울시 강남구 역삼동 636-6, 스카이타워 503호

(전화번호) 010-2168-8864

www.breathingmeditation.org

https://m.blog.naver.com/sohamcenter

제주웰빙요가명상아카데미, 남경언 정진희 원장

제주시 애월읍 신엄로 54

(전화번호) 064-756-1417

http://naver.me/F4edJMUu

에카탈라 요가 코리아(Ekatala Yoga Korea), 최재원 원장

부산광역시 북구 화명신도시로 12, 동영빌딩 503호

(전화번호) 051-361-3316

요가유즈(Yogayuj) 하민용 원장

경기도 고양시 일산동구 중앙로 1193, 마두법조빌딩 10층

(전화번호) 010-8938-3609

요가연구소 이음 이지민 소장

https://blog.naver.com/
mindfactory2um

KYF요가아카데미 최정심 선생

서울시 서초구 강남대로 39길 15-9, 브니엘 빌딩 701호

(전화번호) 02-401-5935

요가바이아터스(YogabyOtters) 이미경(발라니) 원장

서울시 송파구 송파대로 410, 송연빌딩 2층

(전화번호) 02-417-6868

【東文選 文藝新書】

1	저주받은 詩人들	A. 뻬이르 / 최수철·김종호	개정 근간
2	민속문화론서설	沈雨晟	40,000원
3	인형극의 기술	A. 훼도토프 / 沈雨晟	8,000원
4	전위연극론	J. 로스 에반스 / 沈雨晟	12,000원
5	남사당패연구	沈雨晟	19,000원
6	현대영미희곡선 (전4권)	N. 코워드 外 / 李辰洙	절판
7	행위예술	L. 골드버그 / 沈雨晟	절판
8	문예미학	蔡 儀 / 姜慶鎬	절판
9	神의 起源	何 新 / 洪 熹	16,000원
10	중국예술정신	徐復觀 / 權德周 外	24,000원
11	中國古代書史	錢存訓 / 金允子	14,000원
12	이미지—시각과 미디어	J. 버거 / 편집부	15,000원
13	연극의 역사	P. 하트놀 / 沈雨晟	절판
14	詩 論	朱光潛 / 鄭相泓	22,000원
15	탄트라	A. 무케르지 / 金龜山	16,000원
16	조선민족무용기본	최승희	15,000원
17	몽고문화사	D. 마이달 / 金龜山	8,000원
18	신화 미술 제사	張光直 / 李 徹	절판
19	아시아 무용의 인류학	宮尾慈良 / 沈雨晟	20,000원
20	아시아 민족음악순례	藤井知昭 / 沈雨晟	5,000원
21	華夏美學	李澤厚 / 權 瑚	20,000원
22	道	張立文 / 權 瑚	18,000원
23	朝鮮의 占卜과 豫言	村山智順 / 金禧慶	28,000원
24	원시미술	L. 아담 / 金仁煥	16,000원
25	朝鮮民俗誌	秋葉隆 / 沈雨晟	12,000원
26	타자로서 자기 자신	P. 리쾨르 / 김웅권	29,000원
27	原始佛敎	中村元 / 鄭泰爀	8,000원
28	朝鮮女俗考	李能和 / 金尙憶	30,000원
29	朝鮮解語花史(조선기생사)	李能和 / 李在崑	25,000원
30	조선창극사	鄭魯湜	17,000원
31	동양회화미학	崔炳植	19,000원
32	性과 결혼의 민족학	和田正平 / 沈雨晟	9,000원
33	農漁俗談辭典	宋在璇	12,000원
34	朝鮮의 鬼神	村山智順 / 金禧慶	28,000원
35	道敎와 中國文化	葛兆光 / 沈揆昊	15,000원
36	禪宗과 中國文化	葛兆光 / 鄭相泓·任炳權	8,000원
37	오페라의 역사	L. 오레이 / 류연희	절판
38	인도종교미술	A. 무케르지 / 崔炳植	14,000원
39	힌두교의 그림언어	안넬리제 外 / 全在星	22,000원
40	중국고대사회	許進雄 / 洪 熹	30,000원
41	중국문화개론	李宗桂 / 李宰碩	23,000원
42	龍鳳文化源流	王大有 / 林東錫	25,000원
43	甲骨學通論	王宇信 / 李宰碩	40,000원
44	朝鮮巫俗考	李能和 / 李在崑	20,000원

45	미술과 페미니즘	N. 부루드 外 / 扈承喜	9,000원
46	아프리카미술	P. 윌레뜨 / 崔炳植	절판
47	美의 歷程	李澤厚 / 尹壽榮	28,000원
48	曼荼羅의 神들	立川武藏 / 金龜山	19,000원
49	朝鮮歲時記	洪錫謨 外/李錫浩	30,000원
50	하 상	蘇曉康 外 / 洪 熹	절판
51	武藝圖譜通志 實技解題	正祖 / 沈雨晟·金光錫	15,000원
52	古文字學첫걸음	李學勤 / 河永三	14,000원
53	體育美學	胡小明 / 閔永淑	18,000원
54	아시아 美術의 再發見	崔炳植	9,000원
55	曆과 占의 科學	永田久 / 沈雨晟	14,000원
56	中國小學史	胡奇光 / 李宰碩	20,000원
57	中國甲骨學史	吳浩坤 外 / 梁東淑	35,000원
58	꿈의 철학	劉文英 / 河永三	22,000원
59	女神들의 인도	立川武藏 / 金龜山	19,000원
60	性의 역사	J. L. 플랑드렝 / 편집부	18,000원
61	쉬르섹슈얼리티	W. 챠드윅 / 편집부	10,000원
62	여성속담사전	宋在璇	18,000원
63	박재서희곡선	朴栽緖	10,000원
64	東北民族源流	孫進己 / 林東錫	13,000원
65	朝鮮巫俗의 硏究 (상하)	赤松智城 · 秋葉隆 / 沈雨晟	28,000원
66	中國文學 속의 孤獨感	斯波六郎 / 尹壽榮	8,000원
67	한국사회주의 연극운동사	李康列	8,000원
68	스포츠인류학	K. 블랑챠드 外 / 박기동 外	12,000원
69	리조복식도감	리팔찬	20,000원
70	娼 婦	A. 꼬르벵 / 李宗旼	22,000원
71	조선민요연구	高晶玉	30,000원
72	楚文化史	張正明 / 南宗鎭	26,000원
73	시간, 욕망, 그리고 공포	A. 코르뱅 / 변기찬	18,000원
74	本國劍	金光錫	40,000원
75	노트와 반노트	E. 이오네스코 / 박형섭	20,000원
76	朝鮮美術史硏究	尹喜淳	7,000원
77	拳法要訣	金光錫	30,000원
78	艸衣選集	艸衣意恂 / 林鍾旭	20,000원
79	漢語音韻學講義	董少文 / 林東錫	10,000원
80	이오네스코 연극미학	C. 위베르 / 박형섭	9,000원
81	중국문자훈고학사전	全廣鎭 편역	23,000원
82	상말속담사전	宋在璇	10,000원
83	書法論叢	沈尹默 / 郭魯鳳	16,000원
84	침실의 문화사	P. 디비 / 편집부	9,000원
85	禮의 精神	柳 肅 / 洪 熹	20,000원
86	조선공예개관	沈雨晟 편역	30,000원
87	性愛의 社會史	J. 솔레 / 李宗旼	18,000원
88	러시아 미술사	A. I. 조토프 / 이건수	26,000원
89	中國書藝論文選	郭魯鳳 選譯	25,000원

90	朝鮮美術史	關野貞 / 沈雨晟	30,000원
91	美術版 탄트라	P. 로슨 / 편집부	8,000원
92	군달리니	A. 무케르지 / 편집부	9,000원
93	카마수트라	바쨔야나 / 鄭泰爀	18,000원
94	중국언어학총론	J. 노먼 / 全廣鎭	28,000원
95	運氣學說	任應秋 / 李宰碩	15,000원
96	동물속담사전	宋在璇	20,000원
97	자본주의의 아비투스	P. 부르디외 / 최종철	10,000원
98	宗教學入門	F. 막스 뮐러 / 金龜山	10,000원
99	변 화	P. 바츨라빅크 外 / 박인철	10,000원
100	우리나라 민속놀이	沈雨晟	15,000원
101	歌訣(중국역대명언경구집)	李宰碩 편역	20,000원
102	아니마와 아니무스	A. 융 / 박해순	8,000원
103	나, 너, 우리	L. 이리가라이 / 박정오	12,000원
104	베케트연극론	M. 푸크레 / 박형섭	8,000원
105	포르노그래피	A. 드워킨 / 유혜련	12,000원
106	셸 링	M. 하이데거 / 최상욱	12,000원
107	프랑수아 비용	宋 勉	18,000원
108	중국서예 80제	郭魯鳳 편역	16,000원
109	性과 미디어	W. B. 키 / 박해순	12,000원
110	中國正史朝鮮列國傳 (전2권)	金聲九 편역	120,000원
111	질병의 기원	T. 매큐언 / 서 일·박종연	12,000원
112	과학과 젠더	E. F. 켈러 / 민경숙·이현주	10,000원
113	물질문명·경제·자본주의	F. 브로델 / 이문숙 外	절판
114	이탈리아인 태고의 지혜	G. 비코 / 李源斗	8,000원
115	中國武俠史	陳 山 / 姜鳳求	18,000원
116	공포의 권력	J. 크리스테바 / 서민원	23,000원
117	주색잡기속담사전	宋在璇	15,000원
118	죽음 앞에 선 인간 (상·하)	P. 아리에스 / 劉仙子	각권 15,000원
119	철학에 대하여	L. 알튀세르 / 서관모·백승욱	12,000원
120	다른 곶	J. 데리다 / 김다은·이혜지	10,000원
121	문학비평방법론	D. 베르제 外 / 민혜숙	12,000원
122	자기의 테크놀로지	M. 푸코 / 이희원	16,000원
123	새로운 학문	G. 비코 / 李源斗	22,000원
124	천재와 광기	P. 브르노 / 김웅권	13,000원
125	중국은사문화	馬 華·陳正宏 / 강경범·천현경	12,000원
126	푸코와 페미니즘	C. 라마자노글루 外 / 최 영 外	16,000원
127	역사주의	P. 해밀턴 / 임옥희	12,000원
128	中國書藝美學	宋 民 / 郭魯鳳	16,000원
129	죽음의 역사	P. 아리에스 / 이종민	18,000원
130	돈속담사전	宋在璇 편	15,000원
131	동양극장과 연극인들	김영무	15,000원
132	生育神과 性巫術	宋兆麟 / 洪 熹	20,000원
133	미학의 핵심	M. M. 이턴 / 유호전	20,000원
134	전사와 농민	J. 뒤비 / 최생열	18,000원

135	여성의 상태	N. 에니크 / 서민원	22,000원
136	중세의 지식인들	J. 르 고프 / 최애리	18,000원
137	구조주의의 역사 (전4권)	F. 도스 / 김웅권 外	I-IV 15-18,000원
138	글쓰기의 문제해결전략	L. 플라워 / 원진숙·황정현	20,000원
139	음식속담사전	宋在璇 편	16,000원
140	고전수필개론	權 瑚	16,000원
141	예술의 규칙	P. 부르디외 / 하태환	23,000원
142	《사회를 보호해야 한다》	M. 푸코 / 박정자	20,000원
143	페미니즘사전	L. 터틀 / 호승희·유혜련	26,000원
144	여성심벌사전	B. G. 워커 / 정소영	근간
145	모데르니테 모데르니테	H. 메쇼닉 / 김다은	20,000원
146	눈물의 역사	A. 벵상뷔포 / 이자경	18,000원
147	모더니티입문	H. 르페브르 / 이종민	24,000원
148	재생산	P. 부르디외 / 이상호	23,000원
149	종교철학의 핵심	W. J. 웨인라이트 / 김희수	18,000원
150	기호와 몽상	A. 시몽 / 박형섭	22,000원
151	융분석비평사전	A. 새뮤얼 外 / 민혜숙	16,000원
152	운보 김기창 예술론 연구	최병식	14,000원
153	시적 언어의 혁명	J. 크리스테바 / 김인환	20,000원
154	예술의 위기	Y. 미쇼 / 하태환	15,000원
155	프랑스사회사	G. 뒤프 / 박 단	16,000원
156	중국문예심리학사	劉偉林 / 沈揆昊	30,000원
157	무지카 프라티카	M. 캐넌 / 김혜중	25,000원
158	불교산책	鄭泰爀	20,000원
159	인간과 죽음	E. 모랭 / 김명숙	23,000원
160	地中海	F. 브로델 / 李宗旼	근간
161	漢語文字學史	黃德實·陳秉新 / 河永三	24,000원
162	글쓰기와 차이	J. 데리다 / 남수인	28,000원
163	朝鮮神事誌	李能和 / 李在崑	28,000원
164	영국제국주의	S. C. 스미스 / 이태숙·김종원	16,000원
165	영화서술학	A. 고드로·F. 조스트 / 송지연	17,000원
166	美學辭典	사사키 겡이치 / 민주식	22,000원
167	하나이지 않은 성	L. 이리가라이 / 이은민	18,000원
168	中國歷代書論	郭魯鳳 譯註	25,000원
169	요가수트라	鄭泰爀	15,000원
170	비정상인들	M. 푸코 / 박정자	25,000원
171	미친 진실	J. 크리스테바 外 / 서민원	25,000원
172	玉樞經 研究	具重會	19,000원
173	세계의 비참(전3권)	P. 부르디외 外 / 김주경	각권 26,000원
174	수묵의 사상과 역사	崔炳植	24,000원
175	파스칼적 명상	P. 부르디외 / 김웅권	22,000원
176	지방의 계몽주의	D. 로슈 / 주명철	30,000원
177	이혼의 역사	R. 필립스 / 박범수	25,000원
178	사랑의 단상	R. 바르트 / 김희영	20,000원
179	中國書藝理論體系	熊秉明 / 郭魯鳳	23,000원

180	미술시장과 경영	崔炳植	16,000원
181	카프카	G. 들뢰즈 · F. 가타리 / 이진경	18,000원
182	이미지의 힘	A. 쿤 / 이형식	13,000원
183	공간의 시학	G. 바슐라르 / 곽광수	23,000원
184	랑데부	J. 버거 / 임옥희 · 이은경	18,000원
185	푸코와 문학	S. 듀링 / 오경심 · 홍유미	26,000원
186	각색, 연극에서 영화로	A. 엘보 / 이선형	16,000원
187	폭력과 여성들	C. 도펭 外 / 이은민	18,000원
188	하드 바디	S. 제퍼드 / 이형식	18,000원
189	영화의 환상성	J. -L. 뢰트라 / 김경온 · 오일환	18,000원
190	번역과 제국	D. 로빈슨 / 정혜욱	16,000원
191	그라마톨로지에 대하여	J. 데리다 / 김웅권	35,000원
192	보건 유토피아	R. 브로만 外 / 서민원	20,000원
193	현대의 신화	R. 바르트 / 이화여대기호학연구소	20,000원
194	회화백문백답	湯兆基 / 郭魯鳳	20,000원
195	고서화감정개론	徐邦達 / 郭魯鳳	30,000원
196	상상의 박물관	A. 말로 / 김웅권	26,000원
197	부빈의 일요일	J. 뒤비 / 최생열	22,000원
198	아인슈타인의 최대 실수	D. 골드스미스 / 박범수	16,000원
199	유인원, 사이보그, 그리고 여자	D. 해러웨이 / 민경숙	25,000원
200	공동 생활 속의 개인주의	F. 드 생글리 / 최은영	20,000원
201	기식자	M. 세르 / 김웅권	24,000원
202	연극미학	J. 셰레 外 / 홍지화	24,000원
203	철학자들의 신	W. 바이셰델 / 최상욱	34,000원
204	고대 세계의 정치	모제스 I. 핀레이 / 최생열	16,000원
205	프란츠 카프카의 고독	M. 로베르 / 이창실	18,000원
206	문화 학습	J. 자일스 · T. 미들턴 / 장성희	24,000원
207	호모 아카데미쿠스	P. 부르디외 / 임기대	29,000원
208	朝鮮槍棒教程	金光錫	40,000원
209	자유의 순간	P. M. 코헨 / 최하영	16,000원
210	밀교의 세계	鄭泰爀	16,000원
211	토탈 스크린	J. 보드리야르 / 배영달	19,000원
212	영화와 문학의 서술학	F. 바누아 / 송지연	22,000원
213	텍스트의 즐거움	R. 바르트 / 김희영	15,000원
214	영화의 직업들	B. 라트롱슈 / 김경온 · 오일환	16,000원
215	소설과 신화	이용주	15,000원
216	문화와 계급	홍성민 外	18,000원
217	작은 사건들	R. 바르트 / 김주경	14,000원
218	연극분석입문	J. -P. 링가르 / 박형섭	18,000원
219	푸코	G. 들뢰즈 / 허 경	17,000원
220	우리나라 도자기와 가마터	宋在璇	30,000원
221	보이는 것과 보이지 않는 것	M. 퐁티 / 남수인 · 최의영	30,000원
222	메두사의 웃음 / 출구	H. 식수 / 박혜영	19,000원
223	담화 속의 논증	R. 아모시 / 장인봉	20,000원
224	포켓의 형태	J. 버거 / 이영주	16,000원

225	이미지심벌사전	A. 드 브리스 / 이원두	근간
226	이데올로기	D. 호크스 / 고길환	16,000원
227	영화의 이론	B. 발라즈 / 이형식	20,000원
228	건축과 철학	J. 보드리야르 · J. 누벨 / 배영달	16,000원
229	폴 리쾨르—삶의 의미들	F. 도스 / 이봉지 外	38,000원
230	서양철학사	A. 케니 / 이영주	29,000원
231	근대성과 육체의 정치학	D. 르 브르통 / 홍성민	20,000원
232	허난설헌	金成南	16,000원
233	인터넷 철학	G. 그레이엄 / 이영주	15,000원
234	사회학의 문제들	P. 부르디외 / 신미경	23,000원
235	의학적 추론	A. 시쿠렐 / 서민원	20,000원
236	튜링 — 인공지능 창시자	J. 라세구 / 임기대	16,000원
237	이성의 역사	F. 샤틀레 / 심세광	16,000원
238	朝鮮演劇史	金在喆	22,000원
239	미학이란 무엇인가	M. 지므네즈 / 김웅권	23,000원
240	古文字類編	高 明	40,000원
241	부르디외 사회학 이론	L. 핀토 / 김용숙 · 김은희	20,000원
242	문학은 무슨 생각을 하는가?	P. 마슈레 / 서민원	23,000원
243	행복해지기 위해 무엇을 배워야 하는가?	A. 우지오 外 / 김교신	18,000원
244	영화와 회화: 탈배치	P. 보니체 / 홍지화	18,000원
245	영화 학습—실천적 지표들	F. 바누아 外 / 문신원	16,000원
246	회화 학습—실천적 지표들	F. 기블레 · M. 멩겔 바리오 / 고수현	14,000원
247	영화미학	J. 오몽 外 / 이용주	24,000원
248	시—형식과 기능	J. L. 주베르 / 김경온	근간
249	우리나라 옹기	宋在璇	40,000원
250	검은 태양	J. 크리스테바 / 김인환	27,000원
251	어떻게 더불어 살 것인가	R. 바르트 / 김웅권	28,000원
252	일반 교양 강좌	E. 코바 / 송대영	23,000원
253	나무의 철학	R. 뒤마 / 송형석	29,000원
254	영화에 대하여—에이리언과 영화철학	S. 멀할 / 이영주	18,000원
255	문학에 대하여—행동하는 지성	H. 밀러 / 최은주	16,000원
256	미학 연습—플라톤에서 에코까지	임우영 外 편역	18,000원
257	조희룡 평전	김영회 外	18,000원
258	역사철학	F. 도스 / 최생열	23,000원
259	철학자들의 동물원	A. L. 브라 쇼파르 / 문신원	22,000원
260	시각의 의미	J. 버거 / 이용은	24,000원
261	들뢰즈	A. 괄란디 / 임기대	13,000원
262	문학과 문화 읽기	김종갑	16,000원
263	과학에 대하여—행동하는 지성	B. 리들리 / 이영주	18,000원
264	장 지오노와 서술 이론	송지연	18,000원
265	영화의 목소리	M. 시옹 / 박선주	20,000원
266	사회보장의 발명	J. 동즐로 / 주형일	17,000원
267	이미지와 기호	M. 졸리 / 이선형	22,000원
268	위기의 식물	J. M. 펠트 / 이층건	18,000원
269	중국 소수민족의 원시종교	洪 熹	18,000원

270	영화감독들의 영화 이론	J. 오몽 / 곽동준	22,000원
271	중첩	J. 들뢰즈 · C. 베네 / 허희정	18,000원
272	대담—디디에 에리봉과의 자전적 인터뷰	J. 뒤메질 / 송대영	18,000원
273	중립	R. 바르트 / 김웅권	30,000원
274	알퐁스 도데의 문학과 프로방스 문화	이종민	16,000원
275	우리말 釋迦如來行蹟頌	高麗 無寄 / 金月雲	18,000원
276	金剛經講話	金月雲 講述	18,000원
277	자유와 결정론	O. 브르니피에 外 / 최은영	16,000원
278	도리스 레싱: 20세기 여성의 초상	민경숙	24,000원
279	기독교윤리학의 이론과 방법론	김희수	24,000원
280	과학에서 생각하는 주제 100가지	I. 스탕저 外 / 김웅권	21,000원
281	말로와 소설의 상징시학	김웅권	22,000원
282	키에르케고르	C. 블랑 / 이창실	14,000원
283	시나리오 쓰기의 이론과 실제	A. 로슈 外 / 이용주	25,000원
284	조선사회경제사	白南雲 / 沈雨晟	30,000원
285	이성과 감각	O. 브르니피에 外 / 이은민	16,000원
286	행복의 단상	C. 앙드레 / 김교신	20,000원
287	삶의 의미—행동하는 지성	J. 코팅햄 / 강혜원	16,000원
288	안티고네의 주장	J. 버틀러 / 조현순	14,000원
289	예술 영화 읽기	이선형	19,000원
290	달리는 꿈, 자동차의 역사	P. 치글러 / 조국현	17,000원
291	매스커뮤니케이션과 사회	현택수	17,000원
292	교육론	J. 피아제 / 이병애	22,000원
293	연극 입문	히라타 오리자 / 고정은	13,000원
294	역사는 계속된다	G. 뒤비 / 백인호 · 최생열	16,000원
295	에로티시즘을 즐기기 위한 100가지 기본 용어	마르탱 / 김웅권	19,000원
296	대화의 기술	A. 밀롱 / 공정아	17,000원
297	실천 이성	P. 부르디외 / 김웅권	19,000원
298	세미오티케	J. 크리스테바 / 서민원	28,000원
299	앙드레 말로의 문학 세계	김웅권	22,000원
300	20세기 독일철학	W. 슈나이더스 / 박중목	18,000원
301	횔덜린의 송가 〈이스터〉	M. 하이데거 / 최상욱	20,000원
302	아이러니와 모더니티 담론	E. 벨러 / 이강훈 · 신주철	16,000원
303	부알로의 시학	곽동준 편역 및 주석	20,000원
304	음악 녹음의 역사	M. 채넌 / 박기호	23,000원
305	시학 입문	G. 데송 / 조재룡	26,000원
306	정신에 대해서	J. 데리다 / 박찬국	20,000원
307	디알로그	G. 들뢰즈 · C. 파르네 / 허희정 · 전승화	20,000원
308	철학적 분과 학문	A. 피퍼 / 조국현	25,000원
309	영화와 시장	L. 크레통 / 홍지화	22,000원
310	진정성에 대하여	C. 귀논 / 강혜원	18,000원
311	언어학 이해를 위한 주제 100선	시우피 · 반람돈크 / 이선경 · 황원미	18,000원
312	영화를 생각하다	리앙드라 기그 · 뢰트라 / 김영모	20,000원
313	길모퉁이에서의 모험	브뤼크네르 · 팽키엘크로 / 이창실	12,000원
314	목소리의 結晶	R. 바르트 / 김웅권	24,000원

315	중세의 기사들	E. 부라생 / 임호경	20,000원
316	武德—武의 문화, 武의 정신	辛成大	13,000원
317	욕망의 땅	W. 리치 / 이은경·임옥희	23,000원
318	들뢰즈와 음악, 회화, 그리고 일반 예술	R. 보그 / 사공일	20,000원
319	S/Z	R. 바르트 / 김웅권	24,000원
320	시나리오 모델, 모델 시나리오	F. 바누아 / 유민희	24,000원
321	도미니크 이야기—아동 정신분석 치료의 실제	F. 돌토 / 김승철	18,000원
322	빠딴잘리의 요가쑤뜨라	S. S. 싸치다난다 / 김순금	18,000원
323	이마주—영화·사진·회화	J. 오몽 / 오정민	25,000원
324	들뢰즈와 문학	R. 보그 / 김승숙	20,000원
325	요가학개론	鄭泰爀	15,000원
326	밝은 방—사진에 관한 노트	R. 바르트 / 김웅권	15,000원
327	中國房內秘籍	朴淸正	35,000원
328	武藝圖譜通志註解	朴淸正	30,000원
329	들뢰즈와 시네마	R. 보그 / 정형철	20,000원
330	현대 프랑스 연극의 이론과 실제	이선형	20,000원
331	스리마드 바가바드 기타	S. 브야사 / 박지명	24,000원
332	宋詩概說	요시카와 고지로 / 호승희	18,000원
333	주체의 해석학	M. 푸코 / 심세광	29,000원
334	문학의 위상	J. 베시에르 / 주현진	20,000원
335	광고의 이해와 실제	현택수·홍장선	20,000원
336	외쿠메네—인간 환경에 대한 연구서설	A. 베르크 / 김웅권	24,000원
337	서양 연극의 무대 장식 기술	A. 쉬르제 / 송민숙	18,000원
338	百濟伎樂	백제기악보존회 편	18,000원
339	金剛經六祖解	無居 옮김	14,000원
340	몽상의 시학	G. 바슐라르 / 김웅권	19,000원
341	원전 주해 요가수트라	M. 파탄잘리 / 박지명 주해	28,000원
342	글쓰기의 영도	R. 바르트 / 김웅권	17,000원
343	전교조의 정체	정재학 지음	12,000원
344	영화배우	J. 나카시 / 박혜숙	20,000원
345	취고당검소	陸紹珩 / 강경범·천현경	25,000원
346	재생산에 대하여	L. 알튀세르 / 김웅권	23,000원
347	중국 탈의 역사	顧朴光 / 洪 熹	30,000원
348	조이스와 바흐친	이강훈	16,000원
349	신의 존재와 과학의 도전	C. 알레그르 / 송대영	13,000원
350	행동의 구조	M. 메를로 퐁티 / 김웅권	28,000원
351	미술시장과 아트딜러	최병식	30,000원
352	미술시장 트렌드와 투자	최병식	30,000원
353	문화전략과 순수예술	최병식	14,000원
354	들뢰즈와 창조성의 정치학	사공일	18,000원
355	꿈꿀 권리	G. 바슐라르 / 김웅권	22,000원
356	텔레비전 드라마	손햄·퍼비스 / 김소은·황정녀	22,000원
357	옷본	심우성	20,000원
358	촛불의 미학	G. 바슐라르 / 김웅권	18,000원
359	마조히즘	N. 맨스필드 / 이강훈	16,000원

360	민속문화 길잡이	심우성	19,000원
361	이론에 대한 저항	P. 드 만 / 황성필	22,000원
362	우리 시대의 위대한 피아니스트들이 말하는 나의 삶, 나의 음악	E. 마흐 / 박기호 · 김남희	15,000원
363	영화 장르	R. 무안 / 유민희	20,000원
364	몽타주의 미학	V. 아미엘 / 곽동준 · 한지선	20,000원
365	사랑의 길	L. 이리가레 / 정소영	18,000원
366	이미지와 해석	M. 졸리 / 김웅권	24,000원
367	마르셀 모스, 총체적인 사회적 사실	B. 카르센티 / 김웅권	13,000원
368	TV 드라마 시리즈물 어떻게 쓸 것인가	P . 더글러스 / 김소은	25,000원
369	영상예술미학	P. 소르랭 / 이선형	25,000원
370	우파니샤드	박지명 주해	49,000원
371	보드리야르의 아이러니	배영달	29,000원
372	서호인물전	徐相旭 · 高淑姬 평역	25,000원
373	은유와 감정	Z. 쾨벡세스 / 김동환 · 최영호	23,000원
374	修 行	權明大	30,000원
375	한국의 전통연희와 동아시아	서연호	18,000원
376	베 다	박지명 · 이서경 주해	30,000원
377	추(醜)와 문학	김충남 편	18,000원
378	《이상한 나라의 앨리스》 연구	이강훈	18,000원
379	반야심경	박지명 · 이서경 주해	10,000원
380	뉴 뮤지엄의 탄생	최병식	48,000원
381	박물관 경영과 전략	최병식	48,000원
382	기독교윤리학	김희수	18,000원
383	기독교사회윤리	김희수	20,000원
384	몸의 의미	마크 존슨 / 김동환 · 최영호	25,000원
385	대학총장	정범진	25,000원
386	완적집	심규호 역주	18,000원
387	오늘날의 프랑스 영화	르네 프레달 / 김길훈 외	22,000원
388	미술품감정학	최병식	48,000원
389	사유와 상상력	배영달	20,000원
390	철학편지	볼테르 / 이병애	14,000원
391	'자유부인'보다 뜨거운 한국영화	조희문	15,000원
392	문화운동, 정치와 경제 한국영화	조희문	18,000원
393	시중쉰, 서북국의 나날들	石杰 · 司志浩 / 심규호 · 유소영	25,000원
394	산책의 힘	신성대	16,000원
395	혼백과 귀신	신성대	19,000원
396	하타요가 프라디피카	박지명	29,000원
397	글렌 굴드, 피아노 솔로	미셸 슈나이더 / 이창실	18,000원
398	태도적 가치	신성대	18,000원
399	본다는 것의 의미	J. 버거 / 박범수	22,000원
400	크리스천 매너	신성대 · 안경환	20,000원
401	중국 근대 수퍼 컬렉터와 미술사	배현진	20,000원
402	세기의 미술관 전시와 컬렉션의 도전	배현진	20,000원
403	산스크리트 요가 수트라	파탄잘리 / 박지명	28,000원

1001	베토벤: 전원교향곡	D. W. 존스 / 김지순	15,000원
1002	모차르트: 하이든 현악4중주곡	J. 어빙 / 김지순	14,000원
1003	베토벤: 에로이카 교향곡	T. 시프 / 김지순	18,000원
1004	모차르트: 주피터 교향곡	E. 시스먼 / 김지순	18,000원
1005	바흐: 브란덴부르크 협주곡	M. 보이드 / 김지순	18,000원
1006	바흐: B단조 미사	J. 버트 / 김지순	18,000원
1007	하이든: 현악4중주곡 Op.50	W. 딘 주트클리페 / 김지순	18,000원
1008	헨델: 메시아	D. 버로우 / 김지순	18,000원
1009	비발디: 〈사계〉와 Op.8	P. 에버렛 / 김지순	18,000원
2001	우리 아이들에게 어떤 지표를 주어야 할까?	오베르 / 이창실	16,000원
2002	상처받은 아이들	N. 파브르 / 김주경	16,000원
2003	엄마 아빠, 꿈꿀 시간을 주세요!	E. 부젱 / 박주원	16,000원
2004	부모가 알아야 할 유치원의 모든 것들	뒤 소수아 / 전재민	18,000원
2005	부모들이여, '안 돼'라고 말하라!	P. 들라로슈 / 김주경	19,000원
2006	엄마 아빠, 전 못하겠어요!	E. 리공 / 이창실	18,000원
2007	사랑, 아이, 일 사이에서	A. 가트셀·C. 르누치 / 김교신	19,000원
2008	요람에서 학교까지	J.-L. 오베르 / 전재민	19,000원
2009	머리는 좋은데, 노력을 안 해요	J.-L. 오베르 / 박선주	17,000원
2010	알아서 하라고요? 좋죠, 하지만 혼자는 싫어요!	E. 부젱 / 김교신	17,000원
2011	영재아이 키우기	S. 코트 / 김경하	17,000원
2012	부모가 헤어진대요	M. 베르제 · I. 그라비용 / 공나리	17,000원
2013	아이들의 고민, 부모들의 근심	마르셀리 · 드 라 보리 / 김교신	19,000원
2014	헤어지기 싫어요!	N. 파브르 / 공나리	15,000원
2015	아이들이 자라면서 겪는 짤막한 이야기들	S. 카르캥 / 박은영	19,000원
3001	《새》	C. 파글리아 / 이형식	13,000원
3002	《시민 케인》	L. 멀비 / 이형식	13,000원
3101	《제7의 봉인》 비평 연구	E. 그랑조르주 / 이은민	17,000원
3102	《쥘과 짐》 비평 연구	C. 르 베르 / 이은민	18,000원
3103	《시민 케인》 비평 연구	J. 루아 / 이용주	15,000원
3104	《센소》 비평 연구	M. 라니 / 이수원	18,000원
3105	《경멸》 비평 연구	M. 마리 / 이용주	18,000원

【東文選 現代新書】

1	21세기를 위한 새로운 엘리트	FORESEEN연구소 / 김경현	7,000원
2	의지, 의무, 자유—주제별 논술	L. 밀러 / 이대희	6,000원
3	사유의 패배	A. 핑켈크로트 / 주태환	7,000원
4	문학이론	J. 컬러 / 이은경·임옥희	7,000원
5	불교란 무엇인가	D. 키언 / 고길환	6,000원
6	유대교란 무엇인가	N. 솔로몬 / 최창모	6,000원
7	20세기 프랑스철학	E. 매슈스 / 김종갑	8,000원
8	강의에 대한 강의	P. 부르디외 / 현택수	6,000원
9	텔레비전에 대하여	P. 부르디외 / 현택수	10,000원
10	고고학이란 무엇인가	P. 반 / 박범수	8,000원
11	우리는 무엇을 아는가	T. 나겔 / 오영미	절판
12	에쁘롱—니체의 문체들	J. 데리다 / 김다은	7,000원
13	히스테리 사례분석	S. 프로이트 / 태혜숙	7,000원
14	사랑의 지혜	A. 핑켈크로트 / 권유현	6,000원
15	일반미학	R. 카이유와 / 이경자	6,000원
16	본다는 것의 의미	J. 버거 / 박범수	10,000원
17	일본영화사	M. 테시에 / 최은미	7,000원
18	청소년을 위한 철학교실	A. 자카르 / 장혜영	7,000원
19	미술사학 입문	M. 포인턴 / 박범수	8,000원
20	클래식	M. 비어드·J. 헨더슨 / 박범수	6,000원
21	정치란 무엇인가	K. 미노그 / 이정철	6,000원
22	이미지의 폭력	O. 몽젱 / 이은민	8,000원
23	청소년을 위한 경제학교실	J. C. 드루엥 / 조은미	6,000원
24	순진함의 유혹 〔메디치상 수상작〕	P. 브뤼크네르 / 김웅권	9,000원
25	청소년을 위한 이야기 경제학	A. 푸르상 / 이은민	8,000원
26	부르디외 사회학 입문	P. 보네위츠 / 문경자	7,000원
27	돈은 하늘에서 떨어지지 않는다	K. 아른트 / 유영미	6,000원
28	상상력의 세계사	R. 보이아 / 김웅권	9,000원
29	지식을 교환하는 새로운 기술	A. 벵토릴라 外 / 김혜경	6,000원
30	니체 읽기	R. 비어즈워스 / 김웅권	6,000원
31	노동, 교환, 기술—주제별 논술	B. 데코사 / 신은영	6,000원
32	미국만들기	R. 로티 / 임옥희	10,000원
33	연극의 이해	A. 쿠프리 / 장혜영	8,000원
34	라틴문학의 이해	J. 가야르 / 김교신	8,000원
35	여성적 가치의 선택	FORESEEN연구소 / 문신원	7,000원
36	동양과 서양 사이	L. 이리가라이 / 이은민	7,000원
37	영화와 문학	R. 리처드슨 / 이형식	8,000원
38	분류하기의 유혹—생각하기와 조직하기	G. 비뇨 / 임기대	7,000원
39	사실주의 문학의 이해	G. 라루 / 조성애	8,000원
40	윤리학—악에 대한 의식에 관하여	A. 바디우 / 이종영	7,000원
41	흙과 재 〔소설〕	A. 라히미 / 김주경	6,000원
42	진보의 미래	D. 르쿠르 / 김영선	6,000원
43	중세에 살기	J. 르 고프 外 / 최애리	8,000원
44	쾌락의 횡포(상)	J. C. 기유보 / 김웅권	10,000원

45	쾌락의 횡포(하)	J. C. 기유보 / 김웅권	10,000원
46	운디네와 지식의 불	B. 데스파냐 / 김웅권	8,000원
47	이성의 한가운데에서—이성과 신앙	A. 퀴노 / 최은영	6,000원
48	도덕적 명령	FORESEEN연구소 / 우강택	6,000원
49	망각의 형태	M. 오제 / 김수경	6,000원
50	느리게 산다는 것의 의미·1	P. 쌍소 / 김주경	7,000원
51	나만의 자유를 찾아서	C. 토마스 / 문신원	6,000원
52	음악의 예지를 찾아서	M. 존스 / 송인영	10,000원
53	나의 철학 유언	J. 기통 / 권유현	8,000원
54	타르튀프 / 서민귀족	몰리에르 / 덕성여대극예술비교연구회	8,000원
55	판타지 공장	A. 플라워즈 / 박범수	10,000원
56	홍수(상)	J. M. G. 르 클레지오 / 신미경	8,000원
57	홍수(하)	J. M. G. 르 클레지오 / 신미경	8,000원
58	일신교—성경과 철학자들	E. 오르티그 / 전광호	6,000원
59	프랑스 시의 이해	A. 바이양 / 김다은·이혜지	8,000원
60	종교철학	J. P. 힉 / 김희수	10,000원
61	고요함의 폭력	V. 포레스테 / 박은영	8,000원
62	고대 그리스의 시민	C. 모세 / 김덕희	7,000원
63	미학개론—예술철학입문	A. 셰퍼드 / 유호전	10,000원
64	논증—담화에서 사고까지	G. 비뇨 / 임기대	6,000원
65	역사—성찰된 시간	F. 도스 / 김미경	7,000원
66	비교문학개요	F. 클로동·K. 아다-보트링 / 김정란	8,000원
67	남성지배(개정판)	P. 부르디외 / 김용숙	10,000원
68	호모사피언스에서 인터렉티브인간으로	포르셍연구소 / 공나리	8,000원
69	상투어—언어·담론·사회	R. 아모시 외 / 조성애	9,000원
70	우주론이란 무엇인가	P. 코올즈 / 송형석	8,000원
71	푸코 읽기	P. 빌루에 / 나길래	8,000원
72	문학논술	J. 파프·D. 로쉬 / 권종분	8,000원
73	한국전통예술개론	沈雨晟	10,000원
74	시학—문학 형식 일반론 입문	D. 퐁텐 / 이용주	8,000원
75	진리의 길	A. 보다르 / 김승철·최정아	9,000원
76	동물성—인간의 위상에 관하여	D. 르스텔 / 김승철	6,000원
77	랑가쥬 이론 서설	L. 옐름슬레우 / 김용숙·김혜련	10,000원
78	잔혹성의 미학	F. 토넬리 / 박형섭	9,000원
79	문학 텍스트의 정신분석	M. J. 벨멩-노엘 / 심재중·최애영	9,000원
80	무관심의 절정	J. 보드리야르 / 이은민	8,000원
81	영원한 황홀	P. 브뤼크네르 / 김웅권	9,000원
82	노동의 종말에 반하여	D. 슈나페르 / 김교신	6,000원
83	프랑스영화사	J. -P. 장콜라 / 김혜련	8,000원
84	조와(弔蛙)	金教臣 / 노치준·민혜숙	8,000원
85	역사적 관점에서 본 시네마	J. -L. 뢰트라 / 곽노경	8,000원
86	욕망에 대하여	M. 슈벨 / 서민원	8,000원
87	산다는 것의 의미·1—여분의 행복	P. 쌍소 / 김주경	7,000원
88	철학 연습	M. 아롱델-로오 / 최은영	8,000원
89	삶의 기쁨들	D. 노게 / 이은민	6,000원

90	이탈리아영화사	L. 스키파노 / 이주현	8,000원
91	한국문화론	趙興胤	10,000원
92	현대연극미학	M. -A. 샤르보니에 / 홍지화	8,000원
93	느리게 산다는 것의 의미·2	P. 쌍소 / 김주경	7,000원
94	진정한 모럴은 모럴을 비웃는다	A. 에슈고엔 / 김웅권	8,000원
95	한국종교문화론	趙興胤	10,000원
96	근원적 열정	L. 이리가라이 / 박정오	9,000원
97	라캉, 주체 개념의 형성	B. 오질비 / 김 석	9,000원
98	미국식 사회 모델	J. 바이스 / 김종명	7,000원
99	소쉬르와 언어과학	P. 가데 / 김용숙·임정혜	10,000원
100	철학적 기본 개념	R. 페르버 / 조국현	8,000원
101	맞불	P. 부르디외 / 현택수	10,000원
102	글렌 굴드, 피아노 솔로	M. 슈나이더 / 이창실	7,000원
103	문학비평에서의 실험	C. S. 루이스 / 허 종	8,000원
104	코뿔소 〔희곡〕	E. 이오네스코 / 박형섭	8,000원
105	지각—감각에 관하여	R. 바르바라 / 공정아	7,000원
106	철학이란 무엇인가	E. 크레이그 / 최생열	8,000원
107	경제, 거대한 사탄인가?	P. -N. 지로 / 김교신	7,000원
108	딸에게 들려 주는 작은 철학	R. 시몬 셰퍼 / 안상원	7,000원
109	도덕에 관한 에세이	C. 로슈·J. -J. 바레르 / 고수현	6,000원
110	프랑스 고전비극	B. 클레망 / 송민숙	8,000원
111	고전수사학	G. 위딩 / 박성철	10,000원
112	유토피아	T. 파코 / 조성애	7,000원
113	쥐비알	A. 자르댕 / 김남주	7,000원
114	증오의 모호한 대상	J. 아순 / 김승철	8,000원
115	개인—주체철학에 대한 고찰	A. 르노 / 장정아	7,000원
116	이슬람이란 무엇인가	M. 루스벤 / 최생열	8,000원
117	테러리즘의 정신	J. 보드리야르 / 배영달	8,000원
118	역사란 무엇인가	존 H. 아널드 / 최생열	8,000원
119	느리게 산다는 것의 의미·3	P. 쌍소 / 김주경	7,000원
120	문학과 정치 사상	P. 페티티에 / 이종민	8,000원
121	가장 아름다운 하나님 이야기	A. 보테르 外 / 주태환	8,000원
122	시민 교육	P. 카니베즈 / 박주원	9,000원
123	스페인영화사	J.- C. 스갱 / 정동섭	8,000원
124	인터넷상에서—행동하는 지성	H. L. 드레퓌스 / 정혜욱	9,000원
125	내 몸의 신비—세상에서 가장 큰 기적	A. 지오르당 / 이규식	7,000원
126	세 가지 생태학	F. 가타리 / 윤수종	8,000원
127	모리스 블랑쇼에 대하여	E. 레비나스 / 박규현	9,000원
128	위뷔 왕 〔희곡〕	A. 자리 / 박형섭	8,000원
129	번영의 비참	P. 브뤼크네르 / 이창실	8,000원
130	무사도란 무엇인가	新渡戸稲造 / 沈雨晟	7,000원
131	꿈과 공포의 미로 〔소설〕	A. 라히미 / 김주경	8,000원
132	문학은 무슨 소용이 있는가?	D. 살나브 / 김교신	7,000원
133	종교에 대하여—행동하는 지성	존 D. 카푸토 / 최생열	9,000원
134	노동사회학	M. 스트루방 / 박주원	8,000원

135 맞불·2	P. 부르디외 / 김교신	10,000원
136 믿음에 대하여—행동하는 지성	S. 지제크 / 최생열	9,000원
137 법, 정의, 국가	A. 기그 / 민혜숙	8,000원
138 인식, 상상력, 예술	E. 아카마츄 / 최돈호	근간
139 위기의 대학	ARESER / 김교신	10,000원
140 카오스모제	F. 가타리 / 윤수종	10,000원
141 코란이란 무엇인가	M. 쿡 / 이강훈	9,000원
142 신학이란 무엇인가	D. 포드 / 강혜원·노치준	9,000원
143 누보 로망, 누보 시네마	C. 뮈르시아 / 이창실	8,000원
144 지능이란 무엇인가	I. J. 디어리 / 송형석	10,000원
145 죽음—유한성에 관하여	F. 다스튀르 / 나길래	8,000원
146 철학에 입문하기	Y. 카탱 / 박선주	8,000원
147 지옥의 힘	J. 보드리야르 / 배영달	8,000원
148 철학 기초 강의	F. 로피 / 공나리	8,000원
149 시네마토그래프에 대한 단상	R. 브레송 / 오일환·김경온	9,000원
150 성서란 무엇인가	J. 리치스 / 최생열	10,000원
151 프랑스 문학사회학	신미경	8,000원
152 잡사와 문학	F. 에브라르 / 최정아	10,000원
153 세계의 폭력	J. 보드리야르·E. 모랭 / 배영달	9,000원
154 잠수복과 나비	J. -D. 보비 / 양영란	6,000원
155 고전 할리우드 영화	J. 나카시 / 최은영	10,000원
156 마지막 말, 마지막 미소	B. 드 카스텔바자크 / 김승철·장정아	근간
157 몸의 시학	J. 피죠 / 김선미	10,000원
158 철학의 기원에 관하여	C. 콜로베르 / 김정란	8,000원
159 지혜에 대한 숙고	J. -M. 베스니에르 / 곽노경	8,000원
160 자연주의 미학과 시학	조성애	10,000원
161 소설 분석—현대적 방법론과 기법	B. 발레트 / 조성애	10,000원
162 사회학이란 무엇인가	S. 브루스 / 김경안	10,000원
163 인도철학입문	S. 헤밀턴 / 고길환	10,000원
164 심리학이란 무엇인가	G. 버틀러·F. 맥마누스 / 이재현	10,000원
165 발자크 비평	J. 글레즈 / 이정민	10,000원
166 결별을 위하여	G. 마츠네프 / 권은희·최은희	10,000원
167 인류학이란 무엇인가	J. 모나한·P. 저스트 / 김경안	10,000원
168 세계화의 불안	Z. 라이디 / 김종명	8,000원
169 음악이란 무엇인가	N. 쿡 / 장호연	10,000원
170 사랑과 우연의 장난 〔희곡〕	마리보 / 박형섭	10,000원
171 사진의 이해	G. 보레 / 박은영	10,000원
172 현대인의 사랑과 성	현택수	9,000원
173 성해방은 진행중인가?	M. 이아퀴브 / 권은희	10,000원
174 교육은 자기 교육이다	H. -G. 가다머 / 손승남	10,000원
175 밤 끝으로의 여행	L. -F. 쎌린느 / 이형식	19,000원
176 프랑스 지성인들의 12월	J. 뒤발 外 / 김영모	10,000원
177 환대에 대하여	J. 데리다 / 남수인	13,000원
178 언어철학	J. P. 레스베베르 / 이경래	10,000원
179 푸코와 광기	F. 그로 / 김웅권	10,000원

180	사물들과 철학하기	R. -P. 드루아 / 박선주	10,000원
181	청소년이 알아야 할 사회경제학자들	J. -C. 드루앵 / 김종명	8,000원
182	서양의 유혹	A. 말로 / 김웅권	10,000원
183	중세의 예술과 사회	G. 뒤비 / 김웅권	10,000원
184	새로운 충격들	S. 알리미 / 김영모	10,000원
185	초현실주의	G. 세바 / 최정아	10,000원
186	프로이트 읽기	P. 랜드맨 / 민혜숙	10,000원
187	예술 작품—작품 존재론 시론	M. 아르 / 공정아	10,000원
188	평화—국가의 이성과 지혜	M. 카스티요 / 장정아	10,000원
189	히로시마 내 사랑	M. 뒤라스 / 이용주	10,000원
190	연극 텍스트의 분석	M. 프뤼네르 / 김덕희	10,000원
191	청소년을 위한 철학길잡이	A. 콩트-스퐁빌 / 공정아	10,000원
192	행복—기쁨에 관한 소고	R. 미스라이 / 김영선	10,000원
193	조사와 방법론—면접법	A. 블랑셰·A. 고트만 / 최정아	10,000원
194	하늘에 관하여—잃어버린 공간	M. 카세 / 박선주	10,000원
195	청소년이 알아야 할 세계화	J. -P. 폴레 / 김종명	9,000원
196	약물이란 무엇인가	L. 아이버슨 / 김정숙	10,000원
197	폭력—폭력적 인간에 대하여	R. 다둔 / 최윤주	10,000원
198	암호	J. 보드리야르 / 배영달	10,000원
199	느리게 산다는 것의 의미·4	P. 쌍소 / 김선미·한상철	7,000원
200	아이누 민족의 비석	萱野 茂 / 심우성	10,000원
201	존재한다는 것의 기쁨	J. 도르메송 / 김은경	근간
202	무신론이란 무엇인가	G. 바기니 / 강혜원	10,000원
203	전통문화를 찾아서	심우성	10,000원
204	민족학과 인류학 개론	J. 코팡 / 김영모	10,000원
205	오키나와의 역사와 문화	外間守善 / 심우성	10,000원
206	일본군 위안부 문제	石川康宏 / 박해순	9,000원
207	엠마누엘 레비나스와의 대담	M. de 생 쉐롱 / 김웅권	10,000원
208	공존의 이유	조병화	8,000원
209	누벨바그	M. 마리 / 신광순	10,000원
210	자기 분석에 대한 초고	P. 부르디외 / 유민희	10,000원
211	이만하면 성공이다	J. 도르메송 / 김은경	10,000원
212	도미니크	E. 프로망탱 / 김웅권	10,000원
213	동방 순례	O. G. 토마 / 김웅권	10,000원
214	로리타	R. 코리스 / 김성제	10,000원
300	아이들에게 설명하는 이혼	P. 루카스·S. 르로이 / 이은민	8,000원
301	아이들에게 들려주는 인도주의	J. 마무 / 이은민	근간
302	아이들에게 설명하는 죽음	E. 위스망 페랭 / 김미정	8,000원
303	아이들에게 들려주는 선사시대 이야기	J. 클로드 / 김교신	8,000원
304	아이들에게 들려주는 이슬람 이야기	T. 벤 젤룬 / 김교신	8,000원
305	아이들에게 설명하는 테러리즘	M. -C. 그로 / 우강택	8,000원
306	아이들에게 들려주는 철학 이야기	R. -P. 드루아 / 이창실	8,000원

【기 타】

▨ 모드의 체계	R. 바르트 / 이화여대기호학연구소	18,000원
▨ 라신에 관하여	R. 바르트 / 남수인	10,000원
▨ 說 苑 (上·下)	林東錫 譯註	각권 30,000원
▨ 晏子春秋	林東錫 譯註	30,000원
▨ 西京雜記	林東錫 譯註	20,000원
▨ 搜神記 (上·下)	林東錫 譯註	각권 30,000원
▨ 경제적 공포 〔메디치상 수상작〕	V. 포레스테 / 김주경	7,000원
▨ 古陶文字徵	高 明·葛英會	20,000원
▨ 그리하여 어느날 사랑이여	이외수 편	4,000원
▨ 錦城世稿	丁範鎭 謹譯	50,000원
▨ 너무한 당신, 노무현	현택수 칼럼집	9,000원
▨ 노블레스 오블리주	현택수 사회비평집	7,500원
▨ 딸에게 들려 주는 작은 지혜	N. 레흐레이트너 / 양영란	절판
▨ 떠나고 싶은 나라—사회문화비평집	현택수	9,000원
▨ 무학 제1집	전통무예십팔기보존회 편	20,000원
▨ 뮤지엄을 만드는 사람들	최병식	20,000원
▨ 미래를 원한다	J. D. 로스네 / 문 선·김덕희	8,500원
▨ 바람의 자식들—정치시사칼럼집	현택수	8,000원
▨ 사랑에 대한 개인적인 의견	P. 쌍소 [외] / 한나 엮음	13,000원
▨ 산이 높으면 마땅히 우러러볼 일이다	유 향 / 임동석	5,000원
▨ 살아 있는 것이 행복이다	J. 도르메송 / 김은경	12,000원
▨ 서기 1000년과 서기 2000년 그 두려움의 흔적들	J. 뒤비 / 양영란	8,000원
▨ 선종이야기	홍 희 편저	8,000원
▨ 섬으로 흐르는 역사	김영회	10,000원
▨ 세계사상	창간호~3호	각권 10,000원
▨ 나는 대한민국이 아프다	신성대	18,000원
▨ 품격경영(상)	신성대	26,000원
▨ 품격경영(하)	신성대	26,000원

【대한민국역사와미래총서】

1 끝나야 할 역사전쟁	김형석	19,000원
2 건국사 재인식	이영일	20,000원
3 고하 송진우와 민족운동	김형석	20,000원